如何出版一本书

邢海鸟 / 著

吉林出版集团股份有限公司

图书在版编目（CIP）数据

如何出版一本书 / 邢海鸟著 . — 长春 : 吉林出版
集团股份有限公司 , 2019.5
ISBN 978-7-5581-7249-6

Ⅰ . ①如… Ⅱ . ①邢… Ⅲ . ①图书—出版工作 Ⅳ .
① G23

中国版本图书馆CIP数据核字(2019)第140087号

如何出版一本书

著　　　者	邢海鸟
责 任 编 辑	齐　琳
封 面 设 计	邢海燕
开　　　本	880mm×1230mm　1/32
字　　　数	145千字
印　　　张	7.5
版　　　次	2020年9月第1版
印　　　次	2020年9月第1次印刷

出　　　版	吉林出版集团股份有限公司
电　　　话	总编办：010—63109269
	发行部：010—67482953
印　　　刷	河北盛世彩捷印刷有限公司

ISBN 978-7-5581-7249-6　　　　　　定价：45.00 元

如何打造一本畅销书？

　　排除偶然因素，大多数畅销书都是由出版商策划出来的。商业化运作的图书畅销的概率远远大于自主写作的图书。如果作者不知道市场的诉求，仅凭自己的喜好写作，让一本书畅销几乎不太可能。自主写作取悦的是自己，商业化写作取悦的是市场，而畅销书是市场的产物！

　　笔者从事出版行业15年，被提问最多的问题就是如何打造一本畅销书，这其实也是出版商最想知道的问题，每个出版商都在寻找一套方法，期望能让图书畅销起来。

　　我们在出版行业摸爬滚打十几年，确实也总结出了一些经验，有了一些心得，下面分享给大家。

一、选好赛道、占据天时

正所谓,时势造英雄,站在风口上,猪都能飞起来。

占据天时这件事,秋叶大叔做得比较好,每个领域刚火的时候,他都第一时间出本书,占领这个赛道,享受先发优势。一本书想畅销,内容好是一方面,时机是另一方面。

2015年,微信营销刚火,在别人还不知道怎么做这件事情的时候,有位作者看到了机会,率先出了一本《微信营销108招》,书一上市就火了,每个月都加印,最终印了十几次,卖了上百万册。尽管在此之后他也出版了其他书,书的内容也不比这本书差,但是怎么也卖不过这本书。所以想打造一本畅销书,一定要找出当下最热门的赛道,尽量往上靠,图书畅销的概率才会提高。

选好赛道后,接下来就是占领这个赛道的关键词,一旦你占领了这个关键词,别人就用不了了。有针对性的关键词也方便SEO优化。大多数人想学一门新知识,首先想到的都是买书,当你的书名占领了这个赛道,又是最先出版的,书被买的概率就会大大提高。

比如,为了占领"挽回"这个赛道,我们把书名取作《挽回爱情技巧》,只要想了解挽回技巧的人,一搜索这个关键词就能搜到这本书。

二、策划的前期介入

有的作者写书是为了取悦自己，不管读者的需求在哪里，特别喜欢写自己的故事，书的内容能把自己感动得热泪盈眶。对于这种作者，除非你已经是成名作家，或者已经有了一定的知名度，否则最好不要这样写作，因为大多数读者并不关心你如何如何，他们更关心你的书能给他带去什么。

如果你真的想写出一本畅销书，建议在写作之前组建一个3—4人的策划团队，或者委托一个成熟的出版商，针对自身特点和未来发展方向找到一个爆点，有针对性地写作，而不是自我写作!

三、要深度还是要广度?

大多数读者都有这样的阅读体验，一本销量几百万册的图书，读起来却很水，让人有种自己的写作水平比作者还高的错觉。比如汪中求的《细节决定成败》，古典老师的《拆掉思维里的墙》。

其实卖得好的书，内容都会相对浅显，特别有深度的书，不可能卖那么多。

那书到底是写得浅显点好，还是写得深度点好呢？

如果这本书是你人生中的第一本书，我们建议把书写得浅一点。不知名的作者不要一上来就写一本特别有深度的书，要先在广度上做文章。书的内容越浅，受众群越广，卖的数量也会越多。只有当书卖的足够多时，作者的影响力才能足够大，而这种影响力最终又能促进书的销售。在打造作者知名度的过程中，广度是一个非常重要的指标。

四、畅销书内容的三级火箭

一本书很难成就一位畅销书作者。根据我们多年的出版经验，想要人为打造畅销书作者，至少分三步走，我们把这种打法称之为"畅销书的三级火箭"，是一项系统工程。

在这个系统工程里，书的内容被分成三种：方法论、价值观、认识论。这三种不同的内容种类，代表着三个阶段，按这个步骤走，更容易把作者捧起来。

新人作者写的第一本书，最好停留在方法论层面，把自己做过的事情写明白，让别人一学就会，一上手就能用。大多数读者的认知水平没有那么高，方法论这种实用类型的书和读者之间没有距离，容易卖起量。这类书对作者的写作水平要求不高，写起来也不困难，特别适合新人。

写第二本书的时候，尽量往价值观上靠，书的内容可以偏励志或鸡汤，文中要带些作者自己的故事。因为第一本书的沉淀，读者学到了本领，已经对作者产生了信任，这时候再用价值观引起共鸣，读者就能深入了解作者，完成从理性到感性的转变，有利于作者人设搭建。

第三本书要写一些偏理论的东西，上升到认识论高度，写作者对这个行业的认识和思考，往深度上写，最终奠定行业地位。

这一套组合拳打下来，一个IP就立了起来。千万不要指望出一本书解决所有问题，一本书不可能俘获所有的群体，只有按部就班，一步一步来做，才能占据读者的心智。

五、书名怎么起？

名气比较大的作者，取的书名会比较随意或者有个性，因为读者是奔着作者的名气买书，搜索的关键词都是作者的名字；另外渠道商给的展示位也好，都在最显眼的位置展示，这时候，书名就没那么重要了。

如果作者的名气不够大，取个怎样的书名就特别关键，书名成功了，书就成功了三分之一。不出名的作者，取书名应遵循好记原则，让读者看一眼后永远忘不了。比如我们签约的一个作者，写了一本帮助别人快速入眠的书，最终取名"秒睡"，因为书名好记，书多卖了不少。

有的作者，平时喜欢看名家书，等到自己出书的时候，也想取类似的书名，比如"格局""常识""见识"这类，这种书名虽然显得档次很高，但是通过书名，读者无法窥探到书的内容，要不是作者有名，读者不会轻易购买这类书。

那普通作者如何取书名呢？按照我们的经验，最好取那种读者一看就知道书中内容的书名。比如蒋晖出版的《如何做好淘宝》，笔者出版的《如何出版一本书》。这种书名虽然在格调上差点，但是读者看到书名基本不用思考就知道内容适合不适合他，该不该买。这种书名适合用于普通作者的第一本书。

除了"赛道"、内容、书名，一本书能不能畅销还有其他因素，这里也简单介绍一下：

1.颜值即正义

图书的装帧设计一定要精良，高品质让人有一种天然的信任感。不管图书内容好不好，拙劣的装帧会导致失去一部分读者，毕竟这是个看脸的时代。

2.宣传节点（买榜）

图书上市3个月内一定要引爆，否则这本书很难再卖起量。前3个月动用一切资源推书。有粉丝的作者针对某一家网站重点引爆，让图书站上新书排行榜，这样也好和其他网站置换资源，争取位置；没粉丝的作者应当买榜打榜。后期要是能做地推，宣传效果会更好。本书的第十四章详细讲解了如何买榜。

3.渠道为王

合作方一定要有渠道优势，不管合作方策划能力多强，没有渠道优势，就没办法置换资源！

这篇序是笔者为一个论坛写的万字文中的一部分，主要为自媒体从业者而写，因为篇幅关系，没有全文引用，如果你想要这篇万字文，可以加笔者的微信。

微信扫码

目 录
CONTENTS

第一章　畅销书的秘诀

你现在或许已经完成书稿，或许还未动笔，但我相信，你的理想一定是成为一位畅销书作家！来吧，好好看看这一章，找寻畅销书的秘诀。

一、什么是畅销书

是先有畅销书作者，还是先有畅销书？

很多人觉得这是一个先有鸡还是先有蛋的问题，而实际上，这是对行业了解不足所产生的迷惑感。一定是先有了第一本畅销书，让作者拥有了一定的影响力和社会地位，才会让这位作者有机会出版更多的畅销书。所以，有太多的作者就因为一部作品而一夜成名。

那什么是畅销书呢？"畅销书"（best seller）一词最初起源于美国，高销量是它的主要衡量标准，但非唯一标准。在一个时间内，甚至是一个时代，具有一定影响力和销量的书就是畅销书。

在一段时间内，监控符合一定条件的图书的销售情况，并按累计销量（册数）顺序排列成榜单，即为畅销书排行榜，简称畅销榜。美国畅销书最低累计年销量需达10万册（精装）和30万册（平装），法国畅销书最低累计年销量亦需10万册。在我国，年销5万册以上是一般畅销书，年销20万册以上是比较畅销书，年销50万册以上是超级畅销书。

畅销书也有可能成为名著，这要看它的实际价值是否经得起时间的考验。比如国外的《百年孤独》、国内的《红楼梦》等，这些书对人的个人文化、对某一领域的文化、对一个时代的思想文化，甚至对国家都具有很大的影响。

畅销书之所以畅销，是因为它的某一方面符合当时人的阅读口味及需求。所有种类的图书都有畅销书，但每个种类下，所覆盖的读者群体不一样，所以对畅销书的定义不同。本章节的"畅销书"，是指常规意义上的畅销书。

我们将畅销书分为八大类，分别为文学、历史、管理、心理励志、为人处世、生活学习实用、知识科普、少年儿童。有许多出版社和出版公司一直坚持"特色出版，优质出版"，主要在某一类图书形成自己的产业线格局并产生一定的市场影响力。

比如主要出版文学类图书的出版社有人民文学出版社、上海译文出版社、译林出版社、长江文艺出版社等；出版历史类图书的出版社有中华书局、生活·读书·新知三联书店、上海古籍出版社等；出版管理类图书的出版社有中信出版社等；出版心理励志类图书的出版社有中国华侨出版社、九州出版社等；出版为人处世类图书的出版社有南海出版公司、中国青年出版社等；出版生活学习实用类图书的出版社有商务印书馆、外语教学与研究出版社、上海辞书出版社等；出版知识科普类图书的出版社有机械工业出版社、电子工业出版社、中国大百科全书出版社等；出版少年儿童类图书的出版社有贵州人民出版社、长江少年儿童出版社等。

还有一些出版公司，比如对大众文化有敏锐嗅觉的北京磨铁图书有限公司；做经典类、学术类、文艺类图书的佼佼者，北京世纪文景文化传播有限公司；业内最早践行"书影联动"发展模式、拥有多位一线青春著名作家的北京白马时光文化发展有限公司；选书有独到眼光的新经典文化有限公司；擅长利用"明星效应"出版的中南博集天卷文化传媒有限公司。

本章节摒弃一切宣传、炒作等技巧，只就内容来说，举实例分析其畅销的原因。

（一）文学类

《明朝那些事儿》
当年明月（著）
累计销量：3000万册以上

这是一部非常脍炙人口的小说，在当年可谓红极一时。主要讲述1344—1644年这三百年间关于明朝的一些事情，对明朝十七帝和其他王公权贵和小人物的命运进行全景展示，尤其对官场政治、战争、帝王心术着墨最多，并加入对当时政治、经济制度、人伦道德的演义。

作者原来是一名普普通通的公务员，每天过着简简单单的生活，无非是将玩的时间挤出来一部分放在了自己喜欢的写作上。连他自己也没有想到发表后会受到那么多人的追捧，不仅首印的10万册为他带来了极为丰厚的版税收入，之后再三的加印也让他从此多了一个受人尊重的身份——作家。

那么为什么这本书会畅销呢？书名"平中见奇"，几乎满足了所有读者的口味。书中以史料为基础，以年代和具体人物为主线，并融入了小说的笔法和作者自己的感悟，拉近了古人与今人的距离。虽写历史，可其价值已经超越了一本历史书的价值。书中提到的那些具有权力、希望、气节、邪恶、正义、善良、忠诚等人性特点的人物身上，有我们每个人的影子。

《愿你有英雄呵护，也有勇气独立》
夏风颜（著）
累计销量：10万册以上

这是一部随笔集，收录了43篇语言真挚的情感散文和生活小品，其中既有作者对生活和情感经历的表达，也有旅行见闻和成长回忆。

作者喜欢旅游，走过二十多个国家、一百多座城市，喜欢书写人生，坚持写作，创立个人著作品牌"且听风吟"，用温暖、美好、富有诗意与哲理的文字治愈城市中漂泊人们的那颗孤独的心。现已成为极具影响力的青年作家，一边写自己喜欢的文字，一边到处旅游，不愁钱，过的正是人们向往的生活。

作者在而立之年写下自己的生活和情感经历，在当代都市的年轻人中引起共鸣，尤其是女性群体。充满文艺气质的书名和封面推荐语"抖音同款""明星推荐"更是吸引了当下喜欢追求潮流的文艺青年们。

《我要对你做，春天对樱桃树做的事：全世界最美的情诗》

张进步　程碧（主编）

累计销量：10万册以上

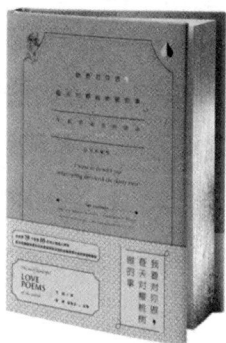

该书收录了茨维塔耶娃、里尔克、叶芝、林徽因等全世界18个国家的55位诗人的动人情诗，并配以美国画家奥杜邦的莺雀图和法国宫廷画家雷杜德的玫瑰、蔷薇图。

该书为两人合编出版，身为出版人的两位主编根据自己的经验，将久经流传的优美诗句编辑成书。这类书在市场上并不少见，但他们另辟蹊径，在书籍呈现上下足了功夫。采用硬壳精装以及四色印制的精美装帧，还专门使用法国铃兰花香味油墨印刷，书翻开后会传出淡淡花香，让阅读者充满了身临其境的体验感。尤其吸引人的是淡粉色的封面配以滚金边的切口，正如爱情灼灼其华，让大家爱不释手，这本书被很多年轻人奉为"脱单神器"。在这个物欲横流的时代里，在充斥着玫瑰花与巧克力的情人节中，为自己的爱人递上这样一本书，与众不同的审美和情调尽在其中，不言自明。

这本书的出版不仅提高了编者的知名度，而且让更多想出书的人看到，编著的书在出版公司的精心设计和包装下，也能在市场上高歌猛进。

（二）历史类

《大明王朝的七张面孔》

张宏杰（著）

累计销量：10万册以上

同样作为介绍历史的书，该书用一种非常新颖的手法，选取了七个能够全面反映大明王朝运作规则的人物，以文学化的笔法描述这七个人物在历史场景与文化中的境况，剖析其生命历程背后难为人知的艰辛、焦灼和不得已，展现出大明王朝既强大又虚弱、既意志决绝又精神涣散的全貌。

作者本身学的是财经专业，和历史毫无关联，但因经常看历史方面书籍而改变了他一生的兴趣方向，逐渐转向历史研究。该书不光具有很大的史学参考价值，也实现了作者的自我价值。

而这本书能够成为畅销书，是因为读史这件事对很多人来说是困难的，但这本书将历史大问题逐一拆解，从细节分析，见微知著，化繁为简，不同于其他文化快餐式的历史读物，兼具学术性和可读性，以流畅的逻辑和新颖的视角，帮助读者在短时间内建立起对中国史的整体概念，读懂真正的历史。

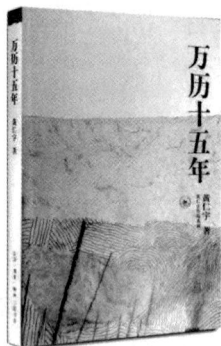

《万历十五年》

黄仁宇（著）

累计销量：500万册以上

该书的书名虽为"万历十五年"，但作者首次以"大历史观"俯瞰整个明朝的兴衰，围绕公元1587年前后的历史事件及生活在那个时代的人物为中心，梳理了中国传统社会管理层面存在的种种问题，并在此基础上探索现代中国应当涉取的经验和教训。并且通过分析明代社会之症结，观察现代中国之来路。不仅如此，作者融会数十年的人生经验与治学体会，使用娴熟的文学化手法达到传达史识的目的，有深度且娓娓动听，以独特的叙事风格"收割"一大批学者、普通读者。

该书出版历程一波三折，但却成为了作者的成名之作。中文版本自80年代初问世后，在没有营销的前提下却意外如潮好评，成为许多读者的案头必备书，畅销至今；英文版本被美国多所大学采用为教科书，并两次获得美国书卷奖历史类好书的提名；另有日文、法文、德文等版本。

作者是典型的"半路出家"的历史学者。在成为历史学家之前，早年辗转于求学、从军之途。求学期间为了谋生，更是从事过多种职业，电梯服务员、收货员、洗碗工等。获密歇根大学历史学博士学位时已经46岁。但他敢于冒险和尝试，最终以历史学家、中国历史明史专家、大历史观的倡导者而被世人所知。除本书外还著有《中国大历史》《汴京残梦》等畅销书。

《半小时漫画中国史》

陈磊（著）

累计销量：200万册以上

　　该书以一种幽默诙谐、略带调侃的漫画方式解读正史，十分有趣，让读者在笑声中通晓历史。

　　本书作者是"啃"着漫画书长大的80后，画画是他从小到大的爱好，毕业后成为一名汽车设计师，工作之余在微博上更新一些四格漫画。一次突发奇想——把爱好的漫画和枯燥的历史结合起来——开始创作，成了画式科普的开创者，获得了"年度新锐作家""年度挚爱阅读大使"等称号，其公众号也拥有了千万粉丝。这就是所谓的"无心插柳柳成荫"吧！

　　传统课堂上的历史强调死记硬背，这本书运用漫画形式，内容轻松幽默，用新媒体时代的方式讲知识。在公众号刚一推出，立即受到儿童和青年人热捧，并迅速在全国掀起"漫画读史"的风潮，之后"半小时漫画"系列相继问世，又将"漫画科普"风潮刮到诗词界、经济学界等。

　　除了专业的历史专家，只要有好的立意点和想法，也能写出畅销作品，不过这种书虽然值得大家借鉴思路，可也不是谁都能写的，需要有一定的绘画功底和创意。

（三）管理类

《格局：世界永远不缺聪明人》
吴军（著）
累计销量：30万册以上

　　书中总结了提升格局的五个维度，每一章都从人生的一个方面为读者提供针对性的方法和建议。

　　作者毕业于清华大学和美国约翰·霍普金斯大学，曾先后于谷歌、腾讯担任高管，研究过很多企业，接触过众多商业巨子和学术界领袖。不同于一般人的工作经历让他所著的书更具有光彩。除本书外，作者还有《态度》《全球科技通史》《智能时代》等多部畅销书，深受业界好评，多次获得包括"文津图书奖"在内的多项重量级图书大奖。

　　此书以作者多年在大企业的管理经验及心得为基础，从思维、做事、思考、规划、法则、成长等视角展开，以亲切睿智的方式阐述，配合很多中外名人案例，深入浅出，可读性强，是企业管理者和年轻人自我提升的枕边书。

《销售心理学：直抵客户内心需求
的成交术》

冷湖（著）

累计销量：30万册以上

这本销售书运用心理学方法教读者轻松搞定客户，令业
绩飞速提升。

作者曾在国内某知名企业担任销售总监，对营销管理、
商界精英、创业管理等领域有着深入研究，是一名专业销售
培训师。丰富的工作经验对作者出书提供了很大的帮助。现
已出版《马化腾：先人一步》《库克：苹果的后乔布斯时代》
《褚时健——每一处都是人生巅峰》《华为方法》等著作。

这本书把销售人员在工作中最有可能用到的销售心理技
巧、方法、经验进行了全面的盘点，内容实用、案例丰富、
语言活泼，让读者不费力气迅速掌握洞察客户心理的技巧，
运用恰当的沟通方式打动客户。

（四）心理励志类

《梦想永远不会太晚——"济公"
游本昌的智慧人生》

许晋杭（著）

累计销量：10万册以上

这本书以传记的形式把我国老一辈艺术家游本昌老师除济公以外的形象、鲜为人知的故事分享给当代年轻人，传递脚踏实地、勇敢追梦的精神。

作者许晋杭是个90后，毕业于北京现代音乐学院。2012年师从游本昌。这本书由作者亲自执笔，从学生的视角，向世人展现了一位弘扬正能量的"80后"老人。历时五年，作者形影不离地记录下游老师的一言一行，写满五个笔记本的内容、百万文字和数千幅珍贵图片删减精编，终成此书。

游本昌本人看过书后，对作者赞赏有加。该书受到了六小龄童、郭德纲、胡歌、徐峥等明星推荐。除了明星粉丝团，此书一经发售，便受到了很多读者的喜爱，还被《人民日报》报道。作者因这本书走向人生巅峰，之后又顺势出版了新书《演讲力》，前途无限。

《好看的皮囊千篇一律，有趣的
灵魂万里挑一》
老杨的猫头鹰（著）
累计销量：100万册以上

和很多励志鸡汤类的书相比起来，该书用25个鲜活的主题、50个有料有趣的故事让读者看到了"无聊人生"和"无敌人生"的不同，知道了"平庸无奇"与"闪闪发光"的差距，让这本书在同类书籍中脱颖而出。

作者是一个平平无奇的85后"猫奴"，惜时惜命，热爱文学和记录生活点滴。在他笔下，文字炙热而温暖，言语犀利，句句戳心，其系列书被称为唤醒千万年轻人的"醒脑之书"，也因此收获众多微博粉丝。

这本书之所以畅销，是因为作者抓住当下年轻人的阅读习惯，书名采用"金句"形式，瞬间抓住读者眼球，书中故事以小见大，道出了很多生活的意义和应有的生活态度，给予读者正能量，拥有励志类畅销书的必备要素。

《董卿：做一个有才情的女子》

乔瑞玲（著）

累计销量：100万册以上

　　该书作者在写作时，没有直接说明书的内容，而是利用名人知名度和热度，以董卿为主线展开，配合宋庆龄、杨澜、柴静、三毛、杨绛等国内知名女性的生活和工作案例，以及部分国外知名女性的生活感悟，激励女性做一个有才情的女子，不断突破，成长为更强大的自己。

　　作者和其他80后女子一样，但又有所不同。她拥有十年职场经验，在励志成为一名职场达人的同时从未放弃文学梦想，以文字相伴，游走各地，赏美景、品美食、阅人文。这本书的出版把她多年对东方女性文化的独到研究和积累的独特经验分享给更多的读者朋友，自己也获得了更多写作经验，终于成为一位优秀的女性励志作家。

　　该书虽借董卿之名，实则写出了很多平凡女性的期待与梦想，受到大批女性读者的追捧和喜爱。

（五）为人处世类

《情商高，就是会好好说话》
莫蕊同（著）
累计销量：5万册以上

这本书的特点是，总结了作者十余年实用说话技巧，撷取古今中外数百位成功人士的真实案例进行详细解读，深入解剖语言的力量，系统化地提供了高情商说话策略，让读者快速掌握说话技巧，避免尬聊。

作者本人一直专注于高情商说话的技巧研究，对人际沟通问题有着深刻的洞察力和独到的见解。出书后，又开办《语言能量学》课程，在中国、美国、新加坡、加拿大、澳大利亚等20多个国家开展巡回演讲，帮助学员裂变团队，改变了数十万人的命运。

该书之所以能够受到大家的认可与欢迎，是因为它设身处地地为每一个想拥有好口才的人指明了方向，用接地气的案例及语言讲述措辞的技巧。

《别让不好意思害了你》

周维丽（著）

累计销量：50万册以上

在大多数人出版如何通过迎合别人让人满意、教人学会提高情商的书时，这本教你如何拒绝别人的书就显得格外引人注目。同样是教人提升情商，这本书从另一个角度，通过阐述"不好意思"这种心态的产生以及运行机制，帮读者建立"拒绝心理模式"，轻松摆脱"不好意思"的困境。

作者长期从事心理学及人体潜能开发的工作，出版这本书，不但总结了其多年的研究所得，还让她成为行业内的知名人物，同时也让更多人熟知了这位优秀的心理咨询师。

（六）生活学习实用类

《极简英语思维》

作者：杨海英（著）

累计销量：10万册以上

　　该书的优势在于用了两大思维原理——重要先说（势利眼）和形式标记（制服控），配合151条语法以及丰富的例句和练习，揭示英语的底层逻辑，梳理语法的演变脉络，讲解语法的使用原理，让英语学习者重新了解语法的作用和意义，更好地理解与表达英语。

　　作者在自己十余年双语教学生涯中，总结出"思维语法"教学法，教学成果卓著。因教学方法生动有效，被学生们亲切地称为"语法女王"。作者把教学研究所得编写成书，不仅教育了当代人，而且提高了自己的知名度，更多的学员慕名而来。

　　该书从思维方式入手，改造人们学英语的方式与角度，适合中国人的学习习惯，让本来死板的语法变得有理可寻，广受师生欢迎。

（七）知识科普类

《一本书读懂法律常识》
张红军（著）
累计销量：30万册以上

　　现实生活中每个人都离不开法律，作者从职业律师的角度阐述了人们生活中常见的法律事件，涉及的内容从出生到死亡，从家庭到社会，采用字典式查询方式深入剖析了人们普遍关注的166个真实经典案例。

　　作者多年来一直从事民事、经济、刑事辩护以及企业的法律咨询工作，执业以来解答和代理过众多案件，在工作过程中，他发现大部分案件都是群众缺乏法律常识而造成的，因此决定走上创作之路，工作之余经常写法律随笔和杂谈，日常的积累为书的写作提供了素材。该书出版后，深受同行与读者赞赏。

　　全书案例鲜活真实，文字通俗易懂，语言妙趣横生，思维细腻缜密，是老百姓掌握法律知识的读本，大众维权的利器。

《很杂很杂的杂学知识：拿得起放
不下的学问书》

张立辉（编著）

累计销量：30万册以上

　　该书充满趣味性，打破了百科全书冰冷的说教模式，是一本有趣的杂学知识合集，书中有各种各样让人意想不到的奇怪问题，囊括生活、饮食、健康、历史、心理、文化、自然、娱乐等方方面面。

　　作者是一名平凡的知识探索者和爱好者，对简单或奇异的问题有着刨根问底的精神。同时，作者有一个良好的习惯，对问题进行内容整理，积少成多，这些成为本书创作的一部分。

　　该书更符合现代年轻人的阅读习惯，利用碎片化时间就能学到简单而好笑、生动而有趣的知识，让读者在快乐阅读中增长见识、启迪智慧，在社交场合成为一个博学多才、幽默风趣的人。

（八）少年儿童相关

《笑猫日记》
杨红樱（著）
累计销量：
8000万册以上

　　该书用日记的形式，以一只会笑的猫为故事的讲述者，讲述"笑猫"与其家人、朋友的经历，创造了动物与孩子共同参与、幻想与现实相结合的多层次文学世界。

　　作者多年的教育经历让她更了解孩子的生活和所思所想。其作品充满"孩子味儿"，贴近孩子的心，让孩子喜欢的同时还能把正面、积极的价值观传递给孩子。除了孩子喜爱，本作也得到了老师和家长的认同，老师愿意给学生推荐，家长愿意给孩子购买。

《故宫里的大怪兽》

常怡（著）

累计销量：300万册以上

该书以一名小学生在故宫捡到了一个神奇的宝石耳环为故事线，借助"洞光宝石"的神奇魔力，得以听到在故宫里生活了几百年的怪兽、仙人们开口说话，并经历了许多惊险的故事。

在作者开始写作时，因为不是科班出身，为了本书内容的严谨性，查阅了大量研究故宫建筑和怪兽来历的书籍。最终，这本书以一种很好的形式呈现了出来，同时也给作者带来一份惊喜——销量持续增长。除纸质书外，这套作品还被改编为音频故事，拍成系列音乐剧，以更多形式与大家见面。

书中知识丰富有趣，故事充满想象，新颖活泼，好玩易懂，是集趣味性和知识性于一身的童话系列故事集，贴近当代孩子们的生活，调动儿童对中国历史文化的学习兴趣和探究欲望，展示了一种新奇的、迷人的、另类的科学教育方式。

著名的童书还有很多，比如《这就是二十四节气》《地图》《米小圈上学记》等，在这儿就不一一举例了。

二、畅销的真正原因是什么

前面举实例分析了个别书畅销的原因，现在就分别讲讲这八大种类畅销书。

文学是人类的精神探索，也是人生的哲学。文学类图书一直是深受人们喜欢的书籍，尤其是经典名著，一直是图书市场的宠儿。

历史类是图书中的大类，有句古话说得好"以史为镜，可以知兴替"，学习历史可以看到前人的智慧，可以更清晰地看到社会的前进方向，可以在无形当中学到为人处世的哲学道理。一个民族只有重视历史，才具有高度的自我发展意识，才能胸怀宽广，视野开阔，屹立于世界民族之林。历史类图书是个人、管理者、民族不可缺少的一类书。近年来，全民读史热已进入到新媒体时代，催生了许多符合当下读者喜好的历史书籍。

管理类图书不仅提供给人们生活中常见的解决问题的思路与办法，更提出了一些先进的管理理念。近年来，对商业逻辑、本质的思考仍是社会关注的重点，管理类图书一直被企业家、管理者钟爱。

社交、成功是每个时代都存在的话题，和每个人的生活息息相关。心理励志、为人处世类图书包括情商、人性、能力提升等方面，所写的多是年轻人心理状态的真实写照，已成为年轻人的刚需。

生活学习实用、知识科普类图书是各行各业的必备的工具书。

我国儿童基数大，童书一直拥有坚实的客户基础。现如今，一方面亲子阅读理念深入人心，少年儿童阅读推广在全国方兴未艾；另一方面，随着国内经济和人民特质水平的提高，中国家长对孩子成长教育的重视程度不断增强，促使童书市场迅猛发展。

近些年，在国家政策引导及引领下，全民阅读的环境氛围日益形成，人们日常都会根据自己的需要购买一些书籍。

三、这才是真正的畅销书

畅销书，对于不同类型有不同的定义，有些书很小众，但也是畅销书，比如中华书局的《白居易诗集校注》等，每个人的追求不同，有人埋首于学问，愿意为图书行业或某个领域分享出自己的知识或经验，这是真正值得尊重的。

一般情况下，像文学、历史、管理、心理励志、为人处世、生活学习实用、知识科普以及少年儿童这八大类都容易出品畅销书，但同时要求也高，很多东西可遇而不可求。

　　文学类图书有很多经典之作，它们在图书的海洋里熠熠生辉，但大部分的作者都是天选之人，或者历经多年构思修改甚至很多磨难才完成的，比如《百年孤独》酝酿达十数年之久才完成。经典作品即使过了多年依然具有很强的活力，但许多新作也表现强劲。比如流潋紫的长篇小说《后宫·甄嬛传》《后宫·如懿传》，一经出版便拥有不少书迷，被买影视版权在国内外播映后，又引来更多粉丝购买小说。

　　畅销的历史类图书一般具备足够充分的专业知识，或者具有独特的见解和切入点，能开创新的写作方法，又或者像《半小时漫画中国史》一样写作形式新颖，语言风格幽默又不失道理。

　　畅销的管理类、为人处世类、生活学习实用类图书，多是由相关领域中的专业人士、大家编写创作的，其中也不乏有一些是具有天赋的作者创作的，同样具有一定的专业性。

　　畅销的少年儿童书以科普类、故事类、绘本为主，大多带有图片，想象力丰富，故事演绎好，逻辑严密，文字或绘画功底扎实。国内童书目前呈现"百家争鸣、一派繁荣"的景象，不仅有郑渊洁、杨红樱、沈石溪、曹文轩等知名作家作品，很多新锐作家作品也不断涌现到童书市场中，比如北猫的"米小圈系列"等。

四、如何打造畅销书

我们所熟知的《红楼梦》《万历十五年》等经典著作千年难得一遇，是真正的天选之人的优秀作品。对于普通人来说，以上八大类图书中，心理励志类相比较而言更容易写成书，也更容易畅销。作者们可以参考一些优秀作品的写作方法和技巧，然后根据自己的教育背景、职业背景、生活经验、情感经历等写出属于自己的书。比如李尚龙和大冰，他们拥有多种身份，更是生活的体验者和记录者，笔下的文字备受青年人喜欢。李尚龙的《你只是看起来很努力》《你所谓的稳定，不过是在浪费生命》等，大冰的《他们最幸福》《乖，摸摸头》等，尤其受到中学生和大学生的疯狂追捧，他们两人因此从不被读者所知，变为百万级畅销书作家。但这类书的同质化问题也比较严重，要有精品呈现给读者。

如果你是位优秀的作文老师，对写作方面有自己的经验总结，手里还有学生的获奖作品，也可以写成畅销书。如果你是某一领域的销售人才，业绩非常优秀，对销售方面有自己的一套理论，比如销售楼盘三个月卖出几百套、超越90%同行，等等，也可以写成畅销书。只要作品内容优质，具有自己的特点和个性，那就能成为爆款。如果自己没有过人之处，也可以写一些名人的传记经历，写你崇拜的明星或历史人物，等等。或者你对某一领域有自己的想法，特别想出书，可自己写作受其他原因限制，那可以以编者身份对内容进行整理、编辑、出版，把自己的特色融入进去，或者在书籍装帧设计方面下功夫，根据本书的主旨进行设计，让书具有实用性的同时更有审美性，让读者对书的第一印象加分。

当然，不管是哪种畅销书，面对不同的读者群体都要做到结合人性，给予读者物质上的帮助或者精神上的治愈，能够让读者真正感受到这本书对于自己的意义。

"这是最好的时代，因为人人皆可拥有梦想。这是最坏的时代，因为有无数的人抱着梦想死在了前进的路上。"我想，只要我们不放弃写作，畅销书便不会放弃我们。是金子总会光的，贾平凹将退稿信贴在墙上来激励自己，东野圭吾至今仍认为"东漂"的那段时光造就了今天的他。

无数怀揣梦想的人，以小鸟的身姿怀揣雄鹰的理想，梦想有朝一日展翅高飞。只是前途如此光明，但道路却很曲折，我们要找到适合自己的那条路，坚持下去，全力以赴，终会有所收获。作者朋友们，"路漫漫其修远兮"，继续努力，上下求索吧！

第二章　怎么写好一本书

当作者打算写一本书的时候，关于写什么、用什么体裁写，其实脑海中已经有了大致的构思。但是这并不代表就可以动笔了。假如盲目开始，那么在将来的写作过程中，就会遇到各种各样的问题。比如，总感觉要写的内容很多却没有头绪，不知道故事该怎样发展下去，或者想讲明白一件事却苦于没有理论依据，等等。

一、选题决定你的大方向

相信大部分作者曾经出现过这种情况，就是文章写到一半就写不下去了，或者硬着头皮写出来以后，自己又特别不满意，觉得之前写的内容"空洞无物"。那么，要想避免类似情况的发生，就需要作者以自己的经验为基础去写作，再使用一些写作技巧，使之最终呈现出想要的效果。

对于一些比较热门的话题，作者需要从不同的角度切入，去确定自己选题的方向。因为，千篇一律的写作终将被市场淹没。

那么，构思选题比较重要的切入点有哪些呢？

首先，从"人"入手。

无论是什么选题，无论是什么样的题材，作品最终还是要回归到"人"身上。比如小说类的作品，比如人文社科、经管、生活类的作品，最终的落脚点都是"人"。如果是小说，作者就要想主人公是什么样的性格、这种性格最终会导致什么样的后果；如果是经管类的书，作者就要想，假如我把一些人聚集到一起，让他们把一件事做好，应该怎样协调他们之间的关系；如果是历史类或者哲学类的书，那么写作的过程中就必然会与人有所联系，当然，哲学也无法脱离"人"的概念而独立存在，因为哲学也是为人服务的；如果是生活类的书，就要以人为基础去讲故事，这样才会让读者信服，并且产生共鸣。

其次，从"痛点"入手。

读者从众多作品中千挑万选，相中某一部作品，必定是因为作品本身帮他解决了某个痛点。比如一些讲干货的文章，能帮读者解决专业技能上的问题；比如一些心灵励志类的文章，某些文字能触动读者的内心，使读者故作坚强的心终于柔软下来，得到放松和缓解。还有一些文章，开头就能戳中读者的痛处，然后循序渐进、深入剖析，这样的文章最容易

打动读者。同样，还有一些作品，从书名或者标题上就直接
告诉读者：读我你能够得到什么。这种直接明了的方式也非
常吸引眼球。比如《秒睡》这本书，相信任何人第一眼看见
它，都知道它针对的是有睡眠困扰的人群，并且通过阅读这
本书，能够迅速帮助这些人解决睡眠问题；比如《高情商说
话》这本书，大家也能一眼看出，书中的内容与那些有沟通
障碍或是在沟通方面吃尽苦头的人群有关系，通过阅读这本
书，就能使自己的语言变成一种掌控局面的工具。这两本书
的书名就已经戳中了读者的痛点，这也是一种抢占先机的好
办法。

《秒睡:幸福人生的睡眠秘诀》　　　《高情商说话》(实战篇)

选题确定后，就该确定目录了。

目录对于一本书来说相当重要，目录就是将大纲细化后

得到的最终写作方向。只要我们把目录列好，一个故事的脉络基本就成型了，剩下就是扩充内容了。

目录是书籍正文前所载的目次，是揭示和报道图书内容的工具。中国最早关于目录的记载，是在汉成帝时期。"军政杨仆捃摭遗逸，纪奏兵录。"就是说，在很久以前，人们就开始重视目录，认为目录可以引导人们更顺畅、更快速地了解和浏览全书的内容。

与此同时，目录其实还是导航仪，它能够帮助作者随时检查自己的写作方向是否有偏差，可以随时进行调整。当然，有时候目录也给写作带来局限性。目录是大方向，是引导。但是，假如作者能够沿着目录这条线，延伸出更加精彩的故事或者内容，那么就是一种意外的收获。

总而言之，目录是用来提醒作者什么需要坚守、什么可以改变的。当然，不管坚守还是改变，其目的都是为了让最终呈现出来的内容更加精彩。因此，在创作之前要列目录，但是在创作的过程中，作者并非要拘泥于目录所设的框架。有一种写作叫信马由缰。当灵感来的时候，任何东西也无法阻止作者的想象，就好像有人握着他的手在写作一样。

将选题和目录都确认后，就相当于定好了全书的基调与框架，剩下的就是往里面填充并整合内容了。

如果之前的准备工作做得足够充分的话，那么到了内容整合这一步，进行起来就会比较顺利，而且效率更高，出现的错误会更少。这非常考验作者在前期进行构思、整理素材、做选题表、编写目录等工作时的能力。但是内容整合的过程同样重要。好比盖房子，前面的工作只是画草图、盖地基，而内容整合就相当于把整个房子有棱有角、有边有沿地搭建出来，最终看到的房子样貌，包括室内的结构布局。

二、写作是一项技能

很多人觉得自己没有文字功底，一篇文章都写不好，更不用说写一本书了，因此放弃了将自己的思想传达给更多人的可能，其实这是自己人生中的憾事。人生短暂，来这世上走一遭，没想法就罢了，如果有想法却因写作问题卡壳，无法流畅输出，那可能需要掌握一些写作相关的知识了。其实写作并没有那么神秘，是可以学习并练习的，有它独特的一套流程和技巧。

首先，构思。动笔之前需要有一个好的构思，这是写作的根源。当作者经历的事情越来越多时，灵感自然而然就越来越丰富了。所以说，一个好的构思始于丰富的经历。它需要作者多听、多看、多思考，实实在在地去经历一些事情。

其次，研究并展开构思。当作者有了大致的构思以后，就需要开始研究并展开构思，以便找到更多的素材。这就需要作者有发散思维、举一反三的能力。

最后，考虑目标读者。在展开构思时，作者需要思考作品的目标读者是谁，打算把这本书写给谁看。不同的人喜欢不同的事物，不同的人群也有其不尽相同的经历和诉求。只有把这些因素考虑进去，才能知道如何继续扩充情节和丰富人物形象，然后你才知道怎么把书写好。

以上所有的准备工作，是为了给作品创建一个虚构的框架，然后，作者就可以按部就班地将这个框架搭成实物了。用两个事例补充说明一下，作者在展开前期的准备工作时，应该如何一步一步地厘清思绪，将整个框架完整地搭建出来。

比如小说《茶花女》，作者小仲马因为自己恋爱的悲惨经历而萌生了创作一本小说的念头，以此来纪念自己逝去的爱人，并揭露上流社会的虚伪面孔。这便是写作的动机，也是写作的初步构思，奠定了整本书的基调。然后，为了体现两种社会阶层的截然不同，小仲马便想象出了一些高贵的上流人士，把他们安插在女主人公玛格丽特的身边，让这些人围绕着她，让整个故事的氛围都是歌舞升平的。然而，男主人公正如他自己一样，是个穷酸的乡下人。这样既能体现出两个阶层对待玛格丽特截然相反的态度，又能体现出真爱和为了显露自己尊贵身份而爱慕的不同。为了引出玛格丽特身份的特殊，博取读者的同情，并引起读者对上流社会的愤慨，作者一开始就介绍玛格丽特的住宅里曾经坐满了王公贵族，热闹非凡，而在她死后却萧条至极。如此，在这样的气氛和情绪中，读者难免会心生感慨，并充满好奇地读下去。

《茶花女》

再比如，心理励志类书籍《敏感者天赋》。这本书主要是告诉敏感的人，敏感只是一种性格特质，并非缺陷，如果能够好好利用这种性格特质，敏感者就能够成为在工作、生活等各方面都极具天赋的人。假如作者在文章一开头就告诉你敏感是一种天赋，你可以用它来做什么，那么读者是不会信服的。作为心理学博士，作者深知这一点，因此他在书的前两章分析总结了具有敏感特质的人经常会遇到的一些困惑，让读者产生共鸣，然后以专业的心理学分析解答读者的困惑，最后再拿在工作和生活中利用这些特质解决实际问题、展现自我天赋的人的事例作为论据，将内容一步一步铺展开来，让读者慢慢地改变自己的心态，挖掘自己的特有天赋，让自己变得更优秀。

《敏感者天赋》

三、如何将一篇文章写好？

文章写作其实是有法可依、有章可循的。其主要遵循的原则就是：秩序、联络和统一。

秩序就是要按照事先列好的目录，把收集好的资料放在适宜的地方；联络就是要让每一章每一节都存在承接或者解释的关系。做到这两点，便可以使文章在观点和调性上实现统一。

在具备以上三个原则之后，作者就需要对自己的文字表达能力做一些训练了。

判断一篇文章的好坏，最基本的标准就是看文法上有没有错误、用词是否得当以及逻辑是否清晰、正确。小学时，我们就开始训练这些基本功，但是到现在为什么还是做不好呢？其原因不单单是"写作的机会少"。

当然，勤学多练也是必须要做的。有个词叫熟能生巧。在练习的过程中，肯定能够总结出一些技巧性的东西，然后不自觉地在文章中体现出来。

除此之外，作者还需要学会旁征博引，适当引用他人的经典语句，来提高自己文章的水平，为其增光添彩。不仅如此，作者还要学会发散思维，让想象力变得更丰富，并通过比喻、排比、设问、拟人等修辞手法，将自己的所思所想鲜活地表达出来。最后还要学会多读、多总结，使过往的写作经历变成自己宝贵的经验。

读万卷书，行万里路。如果成长真的有捷径，那么运用前人留下来的智慧，就是我们快速成长的捷径。读书最重要的作用就是明理、明智和明德，使人心胸更豁达、视野更开阔、为人处世更成熟。

　　所以，怎么才能写好一本书？方法只能是：多读、多练、多经历。

第三章　出书的几种方式

当作者手中已经有完整的书稿时，就可以联系出版单位了。但是在这之前，作者还要对自己的书稿有一个清晰的定位，即无论它是何种题材，无论自己对作品有多高的预期，都要先对图书将来的市场潜力做出预估，对自己的作品是否能够被市场广泛接受有一个相对合理的判断和认识。完成这件事之后，就可以用最合适的方式将自己的书稿顺利且快速地出版成书了。

那么，目前市场上的书，究竟是通过哪几种方式出版呢？

一、公费出版

公费出版一般指的是，作者把自己的书稿交给出版单位，然后由其负责校对、编辑、排版设计、印刷、发行等工作。之后，出版单位按照提前签好的合同支付给作者版权费。公费出版一般是由出版单位主导，作者与出版单位之间是一种互利共赢的合作模式。

既然是公费出版，则说明其作品是得到出版方认可且具备热销潜力的。而对于大部分作者，特别是之前没有出版过作品的新作者来说，公费出版的形式十有八九是行不通的，原因可能是作品的质量存在问题，也可能是不符合出版单位考量作品的标准。

公费出版的具体流程是怎样的呢？

（一）书稿投递

首先，作者要根据书稿的内容，划定与出版作品风格相近的出版单位的范围，然后一一进行联系和沟通；之后，咨询具体的出版事项，把书稿投递过去。当然，万事开头难，吃了闭门羹也不要灰心丧气，一家不行就再投一家，这样既可以增加自己成功的概率，又可以让自己有机会选出最符合条件的出版单位。

（二）等待出书的通知

出版单位每天会接收大量稿件，特别是出版社，编辑资源有限，审读工作繁忙，所以需要耐心等待出版社的出书通知。而出版公司因为结构设置更为灵活，因此在稿件的审读方面会有更大的优势，能够让你的稿件被及时看到。

（三）双方协商

假如出版单位决定出版你的书稿，则会有专门的编辑人员与你联系，并且共同商讨出版的具体事宜，其中大致包括：

图书编校、排版设计、稿酬、印刷、印刷册数、定价等。出版事宜复杂烦琐、周期较长，还会涉及到很多专业性问题。因此，作者应该多向相关人员进行咨询，以确保自己的权益不受损害，同时，要多配合专业编辑人员的意见建议，将稿件修改完善。

（四）签订合同

作者需要向出版社提供书籍介绍表，双方签署合同。合同中明确双方的权利与义务，做到双赢互惠。

在签订合同时，作者需要重点注意的条款主要有：

1.合同年限

如果合同上签的是五年，那么五年之内，这本书是不能在其他出版单位出版发行的。

2.稿费约定

可以一次性买断，也可以拿版税提成。

3.稿费支付

一定要明确地问清楚，是按实际销量结算，还是在某一段时间内结清首印数稿费。

4.印刷数量

要和出版单位约定好印刷数量，目前3000~5000册的图书，市场还是能消化得了的。

（五）提供全稿、出版

作者将稿件交给出版社后，便会进入为期较长的审稿阶段，一般为三审三校一检，也就是一共会审阅七遍，最后将审完的稿件连同修改意见一并寄回作者进行修改。稿件最终确认无误后，出版社办理出版手续（申请书号、CIP备案），就可以付梓发行了。

根据目前的市场情况来看，公费出书越来越难。但是，假如你的作品确实是优秀之作，公费出版还是可期待的。

二、合作出版

合作出版相对来说比公费出版要复杂一些。合作出版的形式有很多种，可以是出版单位之间的相互合作，也可以是出版方与作者之间的合作。总之，只要不是由一方单独承担出版费用的，都可以算作是合作出版。

简单来说，出版单位之间的合作出版，就是两家或多家出版单位共同参与的任何形式的出版活动，其中也包括出版方之间的版权贸易、代组稿、交换使用稿件或图片等。

对于一些有出版价值但发行市场拿不准的作品，出版方一般就会与作者商量进行合作出版。具体的合作形式有很多种，最为常见的是，出版方发一渠道，二渠道由作者负责。出版方会赠送给作者几百册图书，但作者需要放弃第一版的稿费，并且适当交纳部分运作过程中产生的成本费用。如果图书再版，则由出版方根据码洋支付给作者相应的稿酬。

合作出版的特点大致可以归结为以下五点：

1.合作出版的主旨是为出版一部优秀作品而进行合伙；

2.合作出版的前提是，可以使用某一作品，但绝不可以侵犯作者的版权；

3.合作出版的主体都是出版方（图书公司或出版社）；

4.合作出版是合作人凭借自己的人力或财力实施的共同行为。其方式可以不同，但目标绝对一致，即成功出版一部作品；

5.合作出版的合作人对作为合作客体的作品，共同行使各自的出版权，同时负连带法律责任。

需要着重强调一点，合作出版和公费出版大抵相同，预期的销量也是图书公司考量一部作品最重要的标准。因此，这种出版形式对于大部分作者来说，会有相当高的门槛。

三、自费出版

顾名思义，自费出版就是在为作者出版书籍的时候收取一定的服务费用。这类合作的模式为：出版图书的费用由作者自行承担，如编辑校对、排版设计、印刷发行等产生的费用。它与合作出版最大的不同之处是：著作权归作者所有，而非出版方。

由于各种客观条件和主观因素限制，公费出版和合作出版这两种出书形式将一大批热爱写作的作者拒之门外，而自费出版便给梦想出书而苦于门路的作者传递了一线希望，为身处黑暗中的作者带来了一丝光明，不仅使作者长久以来的出书梦更易得以实现，还让更多好书有机会走向市场，被更多人看见。

自费出书的流程也并不复杂。

当作者完成书稿之后，便可以找一家有自费出版经验的专业图书公司，再由双方共同协商具体的出版方案。

方案确定之后，作者根据要求把完整的书稿和各项资料交给代理公司，公司会代其完成选题申报工作。只有通过了出版社的选题论证，才能得到出版批准，稿件才有机会以出版物的形式出版发行。这个步骤对于任何一部作品来说，都是至关重要且必不可少的。

选题通过之后，图书公司就会按照正常的流程来进行后续的工作。首先是安排编辑对书稿进行三审三校工作，编辑在认真读完稿件之后，会根据对内容的判断，找出有利的市场卖点，同时也会让作者对稿件进行相应的调整，如删减内容、修改错字等；其次是排版，编辑把稿件发给排版人员，并根据书的内容，和排版人员协商书的版式，其中包括字体、行间距、篇章页、页眉等，最终生成完整成熟的图书版式；再次是封面制作，编辑在审稿期间，就要对稿件进行周密的思考和策划，在进行封面制作的过程中，要和设计人员沟通总体的设计风格，如果封面设计人员对书稿内容不是很了解，编辑还可以提供一些相同风格的图书封面作为参考；最后是最终的核查工作，编辑对书稿内文、封面等进行核查。确定无误后，图书公司把清样交给出版社，然后进行最后的签字发稿。

出版社下发图书在版编目（CIP）数据和书号以后，关于书稿的基本工作就已全部完成，接下来便可以交付印刷厂进行印刷了，最后由图书公司将成书寄到作者手中（可参考图4-1）。

在图书出版的过程中，很多作者容易陷入一个误区，他们评判一家出版机构是否专业的标准，是出书速度的快慢，

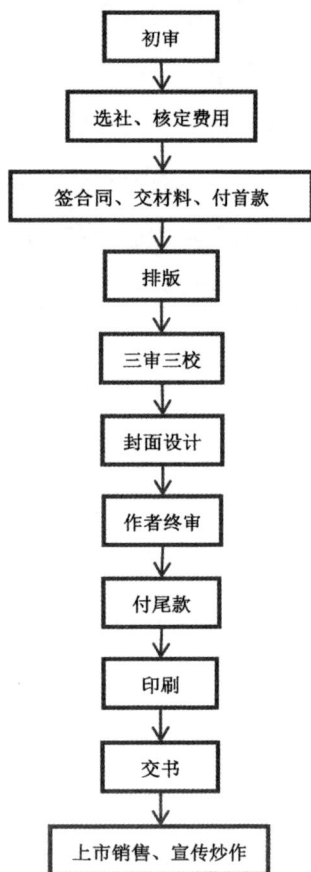

初审

↓

选社、核定费用

↓

签合同、交材料、付首款

↓

排版

↓

三审三校

↓

封面设计

↓

作者终审

↓

付尾款

↓

印刷

↓

交书

↓

上市销售、宣传炒作

图4-1　自费出书流程图

这是极为片面且不专业的。急于求成并不是一个正确的出书心态。对于创作者自身而言，如此漫长的创作过程都熬过来了，却因急于拿到样书，而在最后的环节出现了差错，将会是莫大的遗憾；对于专业的图书公司而言，如果只求快不求质量，出版的书籍不尽如人意，终究会损害自己的声誉。不要为了图快而简单随便地出版。能够把作品以最好的形式呈现给读者，让作品变成精品，这才是最重要的。

所以，在选择图书公司时，需要了解是否能够在保证品质的前提下，竭尽所能地使作者与自己的作品尽快见面。而不是一味地迎合作者，图快、图便宜。归根结底，内容的可读性始终是专业图书公司和作者达成协议的重要因素。

第四章　出书，必须了解的著作权（版权）知识

在图书出版过程中，会牵涉到诸多著作权的知识，不了解这些知识，签订合同时，难免会留下隐患。本章主要探讨文字作品的著作权知识，其他作品不在讨论之列。

一、认识著作权

著作权是著作权人依法对作品所享有的独占权利，它是一项混合性权利，共有17项权能，可划分为**著作人身权**和**著作财产权**。狭义的著作权通常也被叫作版权，广义的著作权除了17项权能外，还包含邻接权，即和著作权相关的其他权利，如图书出版者对其出版图书的版式设计享有专有权，这些权利不属于著作权，但也同样不可侵犯。

著作人身权包含发表权、署名权、修改权、保护作品完整权四项权利，具有人身专属性，不能被继承或转让。

著作财产权包含复制权、发行权、出租权、改编权等，

可以被继承、转让、授权。

二、怎样取得著作权

我国著作权法采取自动取得制度，作者一旦完成作品，无论是否发表，作者都享有著作权，不需要办理任何手续。著作权人可以到版权中心办理著作权登记，但登记不能作为著作权取得的法定程序。与他人发生著作权侵权纠纷时，著作权登记证书仅能作为权属证据，不能作为侵权证据。

三、著作权法保护什么

著作权法保护的作品必须具有独创性和可复制性，本书只讨论文字作品（文字作品是指小说、诗词、论文等以文字形式表现的作品）。**独创性**是指作品由作者独立创作而成，并具有创造性，如果创造性过低，也不能受到保护。例如，临摹名人字画，虽为独立劳动完成，但与原作差异太小，不能体现其创造性，因而不能获得著作权法保护。**可复制性**是指作品可以用有形的形式复制发行，并在社会上流通。因此，表演、朗诵等行为虽然也再现了作品，但是由于没有有形载体，不属于著作权法意义上的复制行为。

需要注意的是，著作权法只保护作品的表达形式，不保护作品的思想和主题。例如，作者可以起诉别人抄袭其作品的文字，但是不能起诉别人抄袭其作品的构思和主题。

四、著作权的期限

著作权是一项有时间限制的权利，除了署名权、修改权、保护作品完整权这三项著作人身权外，其他所有权利在超过保护期限后，作品进入公共领域，业内称为"公版书"。比如，文学作品的著作财产权保护期为作者终生到死亡后50年内。

五、专有出版权和版权的关系

专有出版权是指图书出版者（出版社）对作者交付出版的作品，在合同约定的期限和范围内排他性的出版该作品的权利。这并不代表出版者拥有了作者的版权，只是在这个期限和范围内拥有出版该作品的权利。

由于专有出版权来源于作者在出版合同中的授权，因此，以下情况，专有出版权会自动消失：合同到期；图书脱销后，出版者拒绝重印、再版；作者提出终止合同，等等。

六、特殊情况下的著作权的归属

在委托创作时，委托人委托受托人（作者）创作一部作品，其作品的著作权归受托人所有，如果委托人想获得著作权，可以与受托人在合同中约定著作权里面的财产权归其所有。不管委托合同如何约定，署名权等著作人身权属于受托人，不过受托人可以主动放弃署名权。

在职务创作时，作者为完成单位或其他组织工作任务所创作的作品，称之为职务作品。一般性职务作品，著作权归作者所有，但是单位或组织在其业务范围内可以优先使用。作品完成两年内，未经单位同意，作者不得许可第三方使用该作品。

七、著作权的许可、转让

著作权包含人身权和财产权两大类，共计17项权能，其中人身权不得许可他人使用或转让，但是财产权可以转让。我们在签订合同时，就著作财产权中的一项或多项权利进行授权或转让，未经许可的项目，另一方不得使用。要特别注意的是，许可的权利属性必须明确到位，到底是专有使用权还是非专有使用权。例如，贾平凹老师在出版《山本》一书时，就行使了非专有使用权，因此人民文学出版社和作家出版社同时出版了该书。

八、著作权纠纷

著作权纠纷主要包含著作权权属纠纷、著作权侵权纠纷、著作权合同纠纷。权属纠纷是指著作权的归属发生争议，比如，著作权是归作者本人所有，还是归其供职单位所有。侵权纠纷是指其他人侵犯了作者的著作权，此类是著作权纠纷中最常见的类型，比如抄袭别人的文章、使用别人的图片、制作销售侵权的图书等。合同纠纷主要包括著作权使用许可合同和著作权转让合同等。

九、"版权"和"著作权"的法理区别

"版权"（copyright）是英美法系的概念。从其英文原词可以看出，版权的最初意思就是"复制权"，是为了阻止他人未经许可复制作品、损害作者经济利益而由法律创设的权利。

"著作权法"是大陆法系的概念，其原意为"作者权"（author´s right）。与英美法系的版权法相比，大陆法系的著作权法主要是将作品视为作者人格的延伸和精神的反映，并非普通的财产。因此大陆法系的著作权法更为注重保护作者的人身权利。

但是，随着两大法系的主要国家均加入了《伯尔尼公约》，以及两大法系之间的相互借鉴和融和，"著作权"和"版权"在概念上差别也在缩小。

第五章　选对单位，事半功倍

　　书在写好之后，要怎么联系出版呢？如果只有构思和提纲，可以先联系出版单位吗？

一、知己知彼，百战不殆

　　在我国，出版单位有两种类型。一种是大家熟知的国营出版社，一种是民营图书公司以及独立的出版经纪人，而现在有很多图书公司自身也扮演着经纪人的角色。它们的关系就好像官方红十字会和NGO（Non-Governmeat Organization，非政府组织），它们同时因慈善事业而存在。

　　出版社作为国家出版机构，可以直接对选中的作品通过正规流程进行出版并销售；对于民营机构而言，则需要与出版社开展出版合作后，才可以进行正规流程的出版及销售。

　　那么，为什么人们还要绕个弯向出版公司投稿，而不直接投给国营的出版社呢？

　　从时间上来看，出版社在很早以前就存在了，我国第一家出版社是1897年成立的商务印书馆。而民营图书公司，是近些年随着我国经济发展和文化需求的逐步提升而慢慢兴起的。

在实际运作过程中，出版社只会处理两种类型的稿件。一种是自有选题，出版社完成选题策划后再向相关作者进行约稿。这类稿件的特点一般是选题质量非常好，具有极大的社会价值及一定的市场潜力，书稿内容具有一定的专业性或引导性，作者专业度高。另一种则是作者本身知名度高、作品质量好的稿件。比如知名教授易中天，他在2006年开始主讲《百家讲坛》之后，名气越来越大，之后便获得了出版社的约稿，并出版了《易中天品三国》等书籍，获得了极好的销量。

出版社的这种运作模式将很多拥有文学梦的写作新人无情地拒之门外。当然这也是能够理解的，因为每家出版社都不可能有太多的精力去把每一份投稿都审读一遍。这时候，图书公司的巨大作用便显现了出来。

对于新人而言，他们的稿件大多是璞玉，并不是因为想法不够独特，并不是因为立意不够好，而是因为对出版行业的陌生，稿件存在各类问题而不自知，比如部分内容涉及政治敏感问题，文字把握不得当等，这都是他们的稿件被拒绝的主要原因。这类稿件被退稿是非常可惜的一件事情。而图书公司便像一名精雕细琢的工匠，可以帮助这类作者将稿件达到出版要求。

　　且不说新人作者，就是像年少成名的郭敬明、韩寒，并不愁各家出版社主动伸出橄榄枝，却仍然选择了图书公司。因为长期处于写作出版环境中的他们很清楚，一般情况下，出版社只负责已成型书稿的审校，而图书公司不仅会将已成型的书稿进行审校，还会帮助找出问题。对于架构存在问题的稿件，会帮忙调整结构；对于文笔存在缺陷的稿件，会帮忙修饰润色，以保证书稿达到出版标准，从而被出版社接纳。同时，图书公司还会根据作品情况，进行包装、宣传等一系列服务。

　　另外，从重视程度来看，对于大众而言，郭敬明、韩寒这两位年轻作家是风光无限的当红人物，可对于出版社来说，不过是众多知名作家中的其中两位而已。但对于图书公司来说，每一位作者的作品销量，都与公司利益切实挂钩，都是宝藏一般的存在，它们会下更大的功夫，投入更多的精力，去保证能将他们的书尽可能多地销售。

二、投其所好，投稿有门道

　　虽然有很多出版社所有类型题材的稿件都会接，但也会有所侧重。如果你写了一本小说，选择机械工业出版社也是可以出版的，但一般都不会将这类稿件投到这里，而是会选择百花洲文艺出版社，这是大家所认知的常识。那么，不同题材的作品具体该往哪里投稿呢？

（一）认识出版单位

1.出版社

（1）社科综合类

顾名思义，社会科学综合相关的出版社都被涵盖其中。

比如商务印书馆，很多人对它的认知都出自于几乎人手一册的《现代汉语词典》。除这类工具书之外，它还会出一些像四大名著、国外名著这类大部头，以及经典的思想类书籍，如《中国人的心灵——三千年理智与情感》。

还有人民文学出版社，一般会出版文学大家的作品，国内的比如钱钟书、贾平凹这种重量级作者的作品。

另外，像生活·读书·新知三联书店会偏重于学术著作、有一定深度的历史性读物和中等知识性作品，如《天朝的崩溃》《正仓院》《八十年代访谈录》等。

（2）经济管理类

出版这类图书的出版社，常见的有中信出版社、中国财政经济出版社和中国商业出版社等。以中信出版社为例，市面上经常看到的像《激荡三十年》《海底捞你学不会》《可复制的领导力》等书籍，都属于经济管理相关题材的书籍。

（3）专业相关类

还有很多作者会出版与专业相关的学术类书籍，也有相应的出版社，比如化学工业出版社、上海古籍出版社、广东教育出版社等。

2.图书公司

（1）知名图书公司

这类公司往往会优先接纳有一定知名度作者的稿件，以节约审阅时间，同时减少销售风险。如北京磨铁图书公司，它的定位主要为出版大众阅读类图书，特别出名的比如《天才在左疯子在右》《三体》《狼图腾》等。磨铁目前是我国规模相对较大、出版品质相对较高的一家民营图书公司，对书稿本身的品质把控很严格，不太适合新人投稿。

（2）一般图书公司

这类图书公司接纳稿件时不会要求那么严格，而且能帮助作者将稿件打磨至出版社标准，尽量完整地保留作者原有的写作风格，同时会提供全面的个性化服务，如包装推广、组改稿等，以帮助作者将图书顺利出版并在线上、线下销售平台的全范围销售。

像三鼎甲书业这类公司，是以挖掘新人作者为主的图书公司，不仅会帮助打磨稿件品质，还会根据作者的稿件情况进行全面的个人品牌包装，将作者打造成为抖音、b站红人等。这家公司在所有为新人作者服务的图书公司中，发行量是最为可观的。

（二）投稿技巧

1.投稿的形式

（1）投稿

对于很多新人作者来说，当走到联系出版单位投稿这一步的时候，稿件基本上已经处于完成的状态了。

这类稿件的好处是，不存在催稿问题，但缺点也很明显。每家出版社每年的出版任务是固定的，即便投稿通过，在出版社完成当年出版任务的情况下，也不存在优先出版的情况，只会顺移到第二年，而经历了长时间的等待后，稿件是否还有出版价值、是否会因为遇到新的问题而遭遇退稿等，都是不确定因素，这就意味着只能向民营出版公司投稿。

（2）约稿

笔者在从业12年中做过大致的统计，发现98%以上的新人作者都不知道这种形式。一般情况下，约稿是出版单位先有了一个需要做的选题，再去联系作者，从而形成约稿。但这种机会是不可能发生在谁都不认识的新人身上的，所以对于新人而言，需要逆向操作。

先不实际写稿，而是将自己的写作想法和思路提交给出版单位，获得对方认可后，双方签订协议并约定大致的交稿时间。作者在创作期间，可以一直与出版公司沟通对接，及时调整稿件结构和内容，保证稿件能够顺利通过审核。

这种情况下，作者只需要给出选题即可，即提供书的暂定名、创作思路、同类书、目录大纲、样章，以及稿件的优势等。

对于新人而言，只需要向图书公司支付相应的定金，以保证稿件按时按质量完成，便可以轻松实现出书梦了。

2.投稿的准备

（1）给自己定好位

"没有金刚钻，不揽瓷器活。"但出书这种事情，即便手握"金刚钻"，也未必能揽到好机会，因为作者的名气是最大的问题。如果是有一定知名度，哪怕只出过一本书的作者，都会比什么都拿不出手的作者要好谈很多。对于出版单位来说，普通的写作爱好者千千万万，多一个不多，少一个不少。如果什么资历都没，那只能好言好语，拿着作品一家家登门拜访，期待遇见自己的伯乐了。

作者寻找投稿机会的"金刚钻"，便是手里的作品（或者是选题）了。你的作品质量如何，并不是靠作者自己的主观臆断，而是需要对比同类型的书，以及大致估算阅读人群，才能确定作品是直接往出版社投，还是往出版公司投。如果作者自己都无法判断自己作品的质量，甚至都不知道自己的作品题材是否符合时代主旋律，那最好还是将作品继续打磨完善后再做打算。

（2）给自己加筹码

作者投稿最需要做到的一点便是"一击即中"，这并不是指投一家便成功，而是要作品、个人简介能一眼抓住对方的眼球。这很像投简历，能否将自己相关的成功履历、经验用最简洁的语言表达完整，是决定对方能否看你作品的关键。所以这里一定要做到字数少、切要害。直接写与写作相关的内容即可，如果不是音乐、个人成长相关的题材作品，在简介中将自己唱歌比赛一等奖的成功经历也写上去，那是毫无意义的。

当今社会节奏如此快，不是所有人都有充足的时间坐在那里不论好坏都慢慢地把你递来的稿件细细读完。确定稿件能不能被接收，基本上也就是翻阅几页的事情，大多时候，你在联系出版单位时，对方都会要求先看一下你的稿件或者样章，这是获得认可的唯一机会，所以不管稿件的完成度如何，一定要先保证递交的样章和内容简介是无可挑剔的，挑选全文中最为精彩出彩的部分，语病标点更是不能有。这样，即使整个作品还较为粗糙，那也并无大碍，优先抢占书号资源，之后再与专业编辑人员共同完善。

（三）投稿路径

1.牵线搭桥

出版属于相对冷门的行业，因此采用这种方式需要刚好具备相符合的人脉资源，但也不一定能用上，因为行业分工非常细，如果联系的不是直接负责人，而是要转经几手的关系，不一定能够起到实质性的作用。

2.主动出击

通过网站搜索，获取相关单位的联系方式，大胆咨询。除了网站，还可以利用抖音、公众号等各种平台，通过关键字搜索，去找到相关的人和公司。但在找出版公司，特别是找独立出版人时一定要多小心，时常会有被骗稿的情况发生。骗稿的人可能不会直接拿来出版，但可能会拿回去洗稿。这就要求具体合作前先摸清对方的底细，如在天眼查事先了解营业执照、从业年限、规模、案例等，越详细越稳妥。

鞋子合适不合适，只有脚知道。想找到适合自己的出版商，只有先给自己做好定位，根据自身和稿件的实际情况，通过不断对比，擦亮慧眼，看好出版商。相信只要功夫做足，多观察、多咨询，一定能够找到一家适合自己的公司。

第六章 关于签约需要了解的问题

一、版权的归属

在合约周期内，出版权在出版方手里的版权使用年限，一般为3~5年。版权到期后会重新签订合同，或者收回给作者本人。但是除了出版权之外，一本书还拥有其他权利。

（一）港澳台及海外出版权

一般出版单位签约出书，授权基本上为大陆范围内的简体版权。如果出版社要另签港澳台及海外出版权，则要了解作者有没有这方面的出版计划。如果没有，那这个权利由作者保留；如果有相关计划，则要确认出版时间等具体事项，比如在合同里约束一下版税稿酬等明细规则。如果出版方暂时还无法给出答复，可以先不签约。

（二）影视版权

针对于小说、漫画等具有一定剧情的作品，作者便拥有把作品衍生成为视频、动画等形式的权利。如果有影视公司看上了某部作品，想要拍成电视剧、电影、动画片，都需要得到该作者的授权许可。对于这类作品，在签署合同的时候，作者可以要求保留影视版权。当然，作为一个个体，多数作者基本上是没有诸多资源和精力去跟各类影视公司打交道的，这样的话，影视版权留在自己身边还不如授权给出版商去代理。出版合同中一般都会说明影视改编权的利益划分。如果出版商可以帮你把影视版权卖出去，那么你们双方将会按照约定比例（通常为各50%）进行划分。如果合同里写的是"将影视版权无偿授予出版方"这类的条款，或者没有明确分成比例，作者则要及时提出异议并制止。

（三）电子版权及有声书

受阅读受众的影响，一些书在电子书和有声书平台表现优异，成绩斐然。同上，如果作者愿意把自己的作品通过电子书或有声书的形式在Kindle、掌阅等电子阅读平台以及各类音频平台上上架，合同里仍然要约束好分成比例，一般为各50%。

（四）其他权利

如果一部作品的内容很有出版价值，那么它一定可以衍生出更大的价值，这些价值都隐藏在市场中等待发掘。牢牢抓住自己的权利，保证自身的合理利益，不能因为自己对行业陌生而让不良商人占了便宜。

二、稿酬的分类与计算

（一）稿酬的分类

1.买断式

买断式稿酬支付方式是出版者按作品的质量、篇幅、经济价值等情况计算出报酬，并一次性向作者付清。付酬方式有两种：一种是以作品为单位支付稿酬，比如一部作品多少钱，可能是几千元，也可能是几万元，这中间需要作者和出版商双方根据作品的内容和出版价值进行评估并谈判；另一种是按字数计算，稿费=稿费标准×字数，稿费标准从每千字20~600元不等，主要是根据作品的市场价值和作者的知名度评判。

这种支付方式的特点是一次性交易，并且会在签订合同、收到稿件之后便支付稿费，出版方拥有作品的永久版权，将来这本书是否热卖，都与作者无关。

2.版税式

这是比较常见的支付方式，指出版方根据书的销量，按照一定的比例向作者支付稿酬。这具体又分为统一版税和阶梯版税两种。

统一版税比较简单，就是根据书的销量支付同一比例的稿酬，一般适用于新人，版税比例区间为4%~8%，也有一些大畅销书作者，版税甚至能达到15%。阶梯版税会根据销售数量调整版税率，如1万册以内约定版税7%，1~3万册版税率8%，3万册以上版税率10%，一般适用于畅销书作者。

这种支付方式的特点是具有一定的对赌性质，并且会在图书正式上架6个月后支付第一次稿费，加上出版一本书的周期本身就比较长，需要耐心等待。采用这种方式，作者有机会获得较为可观的分成比例，因此，经常会出现一部作品销量大火，作者也跟着发家致富的情况，但也存在一定的风险。如果这部书销量极差，那么之前的努力就白费了。

（二）版税的计算

出书是件名利双收的事情。如果你是以版税式的稿酬支付方式和出版商签约的，那么合同中将会写明你的版税计算方法：

$$稿酬=定价×销量×版税$$

假设一本书的定价为48元，签约销量为5000册，版税为7%，那么稿酬便是48×5000×0.07，为1.68万元。如果销量好，卖到了5万册，那么稿酬收入便是16.8万元。

另外，稿酬是需要支付税费的。稿酬≤800元时，不扣税；稿酬在800~4000元之间时，按总额的14%支付税费；超过4000元，按总额的11.2%支付税费。

假设一本书的定价为48元，版税为6%，销售2万册，那么作者的版税为57600元，所交税费则为：57600×11.2%=6451.2

元。实际税后所得稿酬为51148.8元。

三、书的出版周期

（一）出版时间

出版时间指的是一本书从开始交稿到最终印刷成书上市发行的时间。由于稿件字数、难易、体裁都不相同，外在的出版审查环境和尺度也不同，所以每本书的出版时间并没有一个定数。

正常的出版周期为3~6个月，有的甚至更久。一般轻阅读读物的周期一般是在2~4个月；学术类或篇幅很长的小说的作品周期一般大于6个月；内容涉及政治、宗教、民族等敏感复杂问题，或稿件存在结构、逻辑等大问题的作品，那么周期可能需要1年甚至更久。

所以，大致了解出版周期，对自己书的内容做个预估，方便在签约合同时约定相对合理的出版时间。

（二）版权周期

版权周期指的是书籍准许出版的年限，准确来说，就是书号的使用年限。随着社会的发展，图书会不断地迭代和更新，一本书的书号年限短则两三年，长的能有十年左右，如专业类的工具书等。正常情况下，一本书的版权签约最长年限为五年，也就是说，在这个版权周期内，这本书可以一直加印和发行。一旦过期，书号作废，书便不能再加印了，否则会被视为非法出版物。

所以，在签合同的时候，需要明白自己的诉求。如果目的是尽量长时间地使用书号，那么出版周期就要签得越长越好；如果是畅销书作者，书籍不愁销售，那么签约一两年就可以了，这样版权到期后就可以重新签订出版合同，去追求更高的版税和服务。

（三）发行周期

发行周期指的是书籍上架销售的周期。一般的图书发行周期为两年。对于销量不佳的书，如好几天才卖出去一本的，那么一般会将已印刷的数量处理完之后下架；但如果是一本销量可观的书，发行周期便会在版权周期内自动延长。

四、签合同时需要避免的雷区

签出版合同最担心的问题是什么？就是遇到的签约方是一家品质及服务跟不上的公司，甚至是一家皮包公司。

面对这类公司，选择版税式签约就会相应稳妥一些。因为一直到产品上架，都不存在实际的金钱往来，光骗取稿件对这种公司而言并没有什么实际用处。

但如果是合作出书或者自费出书，那便需要格外慎重。因为对于外行来说，根本分不清楚什么是假书号、什么是香港书号等，遇到这些问题，很可能会导致作者稿财两空。

另外，在一些细节上，还需要注意几个问题：

1.确认结算方式后，需要再和出版方明确版税结算周期或者稿酬结算时间，最好能将这些内容一起列入合同之中，包括支付方式等细则。

2.书籍装帧是比较复杂的，对于自费书籍而言，出书所涉及的成本需要自行承担，因此，作者可以要求在出版合同中标明书的装帧形式，特别是对于一些特殊装帧，如使用精装、UV、烫金等工艺，一定要详尽标明，以免后期印厂偷工减料。

3.对于跟图书公司或工作室合作的作者，需要反复核实对方的真实性和实力，多了解合作对象的情况，避免上当受骗。

第七章 出版全流程介绍

身为作者，最大的梦想就是能够出一本自己署名的书，可就是因为对出版知识的陌生而将前路想得异常艰难复杂，始终难以迈出第一步。那么，想让一本书顺利地出版，需要经过哪些专业的流程呢？（参考图8-1）

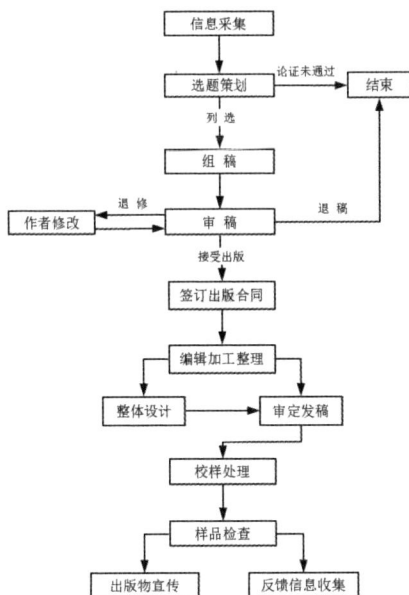

图8-1 编辑过程的基本环节

一、选题策划

选题策划是出版的基础。所谓选题，就是对拟出版图书的名称、稿件内容等进行初步的考虑。而选题策划就是将这种"初步的考虑"精细化、深入化与全面化，从而形成一个可操作的项目。编辑人员依据收集掌握到的信息，形成策划方案，方案的内容包括出版物所要呈现的主要内容、受众的定位与分析、装帧排版形式的选择、定价及营销方案的制订、效益的预测，等等。

选题策划是整个出版工作的基础，是后续一切工作的开端，所以必须要认真对待。由于这部分工作不需要作者提供具体的稿件，所以，对于轻车熟路的编辑来说，经常只会给到稿件的标题、目录和大纲等，有的甚至只有一个核心观点，就可以开始选题策划的步骤了。选题策划一般由出版单位自行完成。而对于自己已经有选题的作者来说，这样也可以避免作者将稿件全部完成后，却发现不符合出版要求而遭到退稿。当然，如果作者的稿件已经完成，有些出版单位会向作者采集图书信息（可参考图8-2），之后编辑人员根据稿件的主体内容直接进行分析操作，如果不符合要求，可以在组稿流程中再进行进一步的修改和完善，直到达到出版要求。

图书信息采集表

图书名称			
作者姓名 （如使用笔名，请单独说明）		**编著方式** （著、编著、译著、编等）	
作者简介 （作者的教育背景、现单位、职务、著作情况等，100字左右）			
图书介绍 （主要为图书内容简介，200字以上。）	字　数：	**类型:**(小说、散文、诗歌、社科、经管、理工科等)	
出书目的 （评职称、发行、内部使用）		**期望出版周期** （希望几个月内出版此书）	
出版社 （省级、国家级、国家一级）		**印刷数量**	
		开本大小	
		定价	
印刷说明 （图书纸张，不知道可以不填）		**内文** **是彩色还是黑白**	
联 系 方 式 （地址、QQ、手机、邮箱等）			

图8-2　投稿前可以填写《图书信息采集表》

（一）选题优化的益处

选题优化包括选题的整体优化和个体优化。选题的整体优化是对某个出版机构的出版物整体结构及质量水平的优化，是一种全面、系统的优化。选题的个体优化是对每个选题进行审查与选择，在整体优化方案的指导下，策划人员对每个选题进行论证，择优去劣，并对拟入选的选题进行优化设计，提升其质量水准。

（二）选题优化的基本要求

选题优化的基本要求是：让稿件的内容更具有先进性，对社会主义政治、经济、文化建设具有积极的推动作用；能够清晰地将受众读者画像呈现出来，使书稿能满足对应读者的某种需要，具备有利于提高人民的思想道德素质和科学文化素质的觉悟。对于专业性强的稿件，需要做到具有时代性，能反映社会经济、文化的发展要求，反映科学技术和各行业创造的新成果；具有一定的学术价值、科学价值、艺术价值、实用价值，并且有利于传播和积累优秀的文化成果等。

二、选题的审批

为了保障出版物选题的质量，出版单位和出版行政主管部门会依法对出版物选题进行审查与管理。在出版单位内部，每个选题都必须经过两级编辑和总编辑的三级审查论证及论证同意，对于重要或重大选题，社长、总编辑还要召开选题论证会进行审查。通过这些流程之后，稿件才算是具备出版条件。

一般情况下，出版单位都需要在年底前将第二年准备出版的选题上报给主管部门（重大选题须送审备案），经上级部门批准后实施。所以，稿件需要提前交，并且越早越好，否则可能会错过当年的选题上报，这也是有时候稿件会出现跨年出版情况的原因。

三、稿件的质量要求

稿件的质量要求包含内容质量和形式质量两方面。

（一）对内容质量的要求

对稿件内容质量进行把关，是审稿工作最为基本的内容。审读各种稿件时，都应该从政治性、思想性、科学性、知识性和独创性等方面对稿件的内容质量加以评估。

1.政治性

政治性是指稿件中所反映的政治立场、政治观点和政治倾向，包括涉及政党、国家、党和国家高级领导人、外交、民族、宗教等关系的现实政治问题。

涉及政治、法律和其他一些哲学、社会科学类出版物的稿件，其政治内容是直接表达出来的，带有明显的政治性；文学艺术类的稿件对人物、情节的描写常常流露出某种政治倾向性；科学技术类的稿件一般没有明显的政治内容，但某些文字有时也会出现政治性问题（如前言、后记等）。以上这些问题都应该予以重视。

政治性还要求稿件内容不得违反党和国家各项具体的方针政策，如外交方针政策、民族政策、宗教政策，以及对香港特别行政区、澳门特别行政区、台湾地区的方针政策，等等。

有关出版物禁载内容的规定，在此处不再赘述。

2.思想性

思想性是指稿件中反映的思想内容和思想倾向，与政治性联系较为密切。比如，如果稿件宣扬邪教、迷信，宣扬淫秽、赌博、暴力或教唆犯罪，危害社会公德和民族优秀文化传统等，就不仅是思想性不合格，其政治性也大成问题。

符合思想性的具体要求体现为：

（1）宣传唯物论和辩证法，反对唯心主义和形而上学。

（2）宣传社会主义思想和社会主义道德。

（3）弘扬以爱国主义为核心的团结统一、爱好和平、勤劳勇敢、自强不息的伟大民族精神，反对民族虚无主义、狭隘的民族主义和"全盘西化论"。

（4）宣传爱国主义、集体主义和社会主义。

面向未成年人的出版物，不得含有诱发未成年人模仿违反社会公德和违法犯罪行为的内容，不得含有恐怖、残酷等妨害未成年人身心健康的内容。

3.科学性

科学性是指稿件反映客观事物的真实性和准确性。

符合科学性的具体要求体现为：

（1）尊重历史及事实，透过现象揭示事物的本质和规律。

（2）准确表述各门学科的基本概念、基本原理和规律。

（3）正确使用和解释科学术语。

（4）引证真实准确的材料，包括图表和数据等。

学术著作要在已知的基础上探索未知，提出新的认识成果。按照"百花齐放、百家争鸣"的方针，凡是学术问题，只要作品言之成理，就应该予以出版；文艺类出版物允许艺术虚构，但应符合历史和生活的真实。

4.知识性

知识性是指稿件所包含知识信息的容量与价值。

知识性的基本要求是合乎科学。稿件内容应该是经过条理化、系统化的人类优秀文明成果的经验总结，介绍知识的方法应充分考虑到时代要求和消费者的需要，必须正确、全面，不可歪曲或片面。

5.独创性

独创性是指稿件在内容或形式上的创新特点，包括理论创新、技术创新、艺术创新等。

独创性表现为稿件在学术观点、资料发掘、题材选择、艺术风格、表现形式等方面有超越前人之处。当然，稿件的独创性有大小、多少之分。不能强求稿件中所有的内容都是作者独创的。稿件只要有创新，就值得肯定，不论这种创新的大小或多少。

（二）对形式质量的要求

稿件的形式质量主要包括结构框架、行文格式、表述形式等。

1.结构框架

结构框架是指稿件内容的层次安排形式。

结构框架的合理性，主要体现为：各个部分的前后顺序符合一定的逻辑关系，体现一定的结构条理；各个部分之间的内容不能相互矛盾，难以自圆其说；各个部分的阐述方式具有同一性（表述时人称统一等），等等。

2.行文格式

行文格式的统一表现为不同级别的标题采用有明显区别的层次标志，而相同级别的标题采用相同的层次标志；公式、图片、表格及各种注释的标志也应该一致。

3.表述形式

表述形式是指稿件中对语言文字及量和单位的使用状况。任何稿件的表述形式都应该符合相关规范。

四、组稿的工作

如果说之前的层层筛选是对稿件质量的大致把控和前期准备，那么出版真正进入执行阶段，是从"组稿"开始的。

组稿，顾名思义，就是组织稿件的意思。组稿是细化选题的策划方案，让选题策划的内容能够更加实际且具体地落实到位。选题策划方案经论证批准后，编辑人员会开始物色、选定著（译）者，并与著（译）者商讨撰（译）稿事宜，双方谈妥并签订合同后确定约稿关系。作者按照选题策划的基本要求写（改）稿，其间，编辑人员需要时常督促作者，确保稿件最终能保质保量地完成。直到书稿完全符合出版要求，组稿工作方能结束。

组稿要求大致有：明确作品性质；明确读者对象；明确作品的主要特色；明确作品的规范要求；明确质量标准，如书稿的交付要求；明确作品数量、规模，如书稿的字数、画稿的尺寸大小及数量等；明确创作进度要求，如提交样稿的时间、最终完成作品的时间等。

书稿的交付要求

1.原则性要求

（1）书稿必须保证政治质量，坚持四项基本原则，正确宣传党的路线、方针、政策，不得含有《出版管理条例》第二十五条规定的禁止内容。

（2）书稿中引用马克思、恩格斯、列宁的经典著作，党政领导同志的指示、讲话，党政机关的文件，重要文献及史料时，要严肃、认真、适当，逐字进行核对，并注明出处，以便出版社审稿时核对。

（3）书稿内容应该按照国家规定的保密范围注意保密，内外有别。未经正式公布的数字、资料、科研成果等，不得编入公开发行的书稿。尽量避免采用涉及国界的地图。

（4）书稿应该是作者本人创作的作品，著作权属作者本人。

2.技术性要求

（1）作者交稿，提倡提交电子文件（另附计算机打印稿）。

（2）打印稿要求单面打印，主体文字为宋体，字号不小于五号。

（3）书稿要做到"齐、清、定"，这是对稿件的最基本要求。

3.结构体例文字要求

（1）书稿的结构，要求章节安排合理，段落层次分明，避免前后重复。各章节的内容应相对均衡，不宜相差悬殊。

书稿层级不宜过于复杂。

（2）书稿行文应符合现代汉语规范，力求精炼、准确，避免半文半白的语言。语句表述要通顺简洁，词语规范，语法正确，合乎逻辑，正确使用标点符号和数字。

（3）章节序号、图号、表号、公式号、页码要连续。

（4）格式、层次、名词术语、符号、代号、计量单位要统一。

（5）目录与正文标题、标题与内容、文与图、文与表、脚注与注释内容、图表代号与图表注、书稿前后内容要对应。

五、审稿方法和审稿结论

书稿按照要求全部完成修改后，接下来的工作便是审稿，这一流程由专业的编辑人员执行，且全流程必须保证不少于3名编辑分别对稿件进行至少一遍的审读，所以，审稿阶段是耗时最长的部分。一般情况下，在此期间，作者不得参与稿件修改，直至审稿流程结束。

审稿工作主要为阅读稿件，并按照出版物的质量标准和组稿要求，特别是内容组成、价值和表现形式的要求，对稿件作出评价和选择，并对可用稿件提出修改意见与要求。通过审稿决定稿件的取舍，提出修改意见，提高书稿质量。涉及内容及表现形式相关的修改意见要征得作者的同意，并主要由作者独自完成。

（一）审稿方法

审稿的方法大体上分为四种：通读法、比较法、分析法、综合法。

通读法是了解书稿全部内容的唯一方法，编辑一般需要通读两遍。第一遍通读是略读，略读能让编辑大致了解书稿的主要内容，对其总体质量、水平做到心中有数。第二遍通读是精读，编辑在精读时对书稿如何进一步提高质量进行研究、提出意见，同时对书稿文字表述方面的错误进行处理完善，比如修改病句、纠正错别字和标点符号等。

比较法主要是和已出版的同类作品进行比较，以衡量书稿的先进性和创新性。

分析法和综合法则是对作品的内容和形式做出评价，看其政治性、思想性、科学性、艺术性和可读性方面能否达到出版的质量要求，最终决定稿件的取舍并对其提出修改意见。

（二）审稿结论

稿件是否采用的意见，就是审稿结论。审稿结论一般有三种：

1.对于符合出版要求的稿件，审稿结论就是"接受出版"。

2.对于基本符合出版要求但仍存在一些不足的稿件，审稿结论应为"退修"。

3.对于不符合出版要求的稿件，审稿结论为"退稿"。

六、编辑加工

编辑加工是"编辑对审稿后决定采用的书稿，按照出版的要求进行检查、修改、润饰、标注、整理、提高"的过程。编辑加工是图书在审稿流程中任务量最大的工作，也是保证图书出版质量的重要环节。

书稿经过编辑加工，通过弥补疏漏、规范文字等，提高总体质量水平和可读性。编辑的创造性可以让编辑通过加工为书稿锦上添花、增加魅力。

编辑加工的具体工作有很多，包括消灭差错、核对引文、处理图表、查对资料、统一体例，等等。值得注意的是，编辑在加工稿件时，首先要消灭政治性差错，绝不允许法律法规明令禁止的任何政治性内容在书稿中出现，一经发现，必须坚决予以消除。

经过编辑加工，书稿的总体质量和可读性得以大大提高。

※　编辑加工环节的知识点及注意事项

1.校对的基本工序

校对工作包括"三校一读"、核红和文字技术整理。

这里主要谈一谈核红和文字技术整理这两项工作。

核红也称对红，是指付印前查核排版人员是否按校对、编辑人员改错意见——改正，前几次校样上用色笔批改之处在后面的校样上是否得到了改正，并校正其未改或错改之处。

文字技术整理又称"技术整理"，具体分为两类：

一类是文字内容方面，主要是核对页码是否衔接，书名、作者名、出版单位名和出版时间、定价等相关内容是否一致，逐页检查书眉文字是否全部正确；另一类是体例格式方面，主要是检查页码与书眉在版面上的位置是否正确，插图、表格、公式等在版心中的位置是否正确，等等。

2.发稿的要求

书稿完成校对，经修改、确认无误后，可直接发往印制单位安排印刷。因为发稿是编辑部门书稿处理的最后一道工序，所以在发稿前，稿件必须要达到"齐、清、定"的要求。

"齐"是指稿件的各组成部分要齐全，不能有缺漏。具体来讲，内文要齐全，篇、章、节、段落要完整无缺；图片、表格不能有遗缺；应该具备的辅文要齐全。

"清"是指稿面要清楚。稿件上勾画要清楚，不潦草，没有模糊污损或线条交叉的地方。

"定"是指所发的稿件必须是定稿。具体要求包括：凡是确定发排的稿件，章节、体例已经确定；数字、标点符号使用无误，图片（表格）的数量、图（表）形、图（表）注已经确定，图（表）序既不缺失也不重复。

发稿后，书稿进入印制阶段。

七、装帧设计

装帧设计专指出版物的造型艺术，包括出版物在结构、形态、物料应用、工艺技术上的设计与制作。其具体内容主要包括五个方面。

（一）书籍形态

书籍形态包括开本大小、书脊厚薄、装订样式的选择（平装、精装）、是否分册、有无函套、有无书盒等。

《波斯笔记》（上下册）　李零　著

出版社：生活·读书·新知三联书店

出版时间：2019年10月

装帧：大16开　精装函套

页数：615

（二）书籍外表形式

书籍外表形式包括封面设计，封皮的艺术形式及所选装帧材料的质地、肌理与印制工艺等。

《读书人家》 董桥 著

出版社：牛津大学出版社（中国）

出版时间：2014年6月

装帧：32开　精装（皮质封面）

（三）版式设计及工艺

版式设计及工艺包括内文和各种辅文的编排形式，字体字号的选择和纸张材料的选用等。

《中国诗词大会每日读诗日历》

出版社：北京联合出版公司

出版时间：2018年10月

装帧：精装

（四）插图配置

插图配置包括插图的表现形式、插入方式及位置安排、版面组合和用料等。

（五）书籍附件的安排与制作

如配书磁带或光盘的放置位置、制作与包装方式等。

八、印刷

书籍印刷是指根据原稿生产图书的整个过程，通常包括三个阶段：

一是印前阶段，这个阶段的主要工作是印刷之前对书籍原稿进行图文信息设计、图文输入、图文处理和图文输出等。

二是印刷阶段，这个阶段的主要工作是将色料转移到纸张上复制出图文。

三是印后加工阶段，这个阶段的主要工作是将印刷好的书页加工成册，制成成品。

（一）印前制作

一般的书籍印前制作流程，包括原稿检核、图文输入、图文处理、图文输出、印版制作、打样等环节。这里主要讲原稿检核、印版制作及打样三个环节。

1.原稿检核

正式开始图文输入前，需要对原稿进行必要的检查核对。原稿分为文字稿和图稿两大类，检核文字稿时，要保证稿面字迹清晰可辨，专用符号符合规范；标题的字体、字号符合具体要求，图表位置、图注文字指示明确。检核图稿时，除了要明确说明图的位置安排外，还应该检核图稿的印刷适应性和表现质量。

2.印版制作

在模拟印刷中，印版是用于传递油墨至承印物上的图文载体。它的性能直接影响印刷的质量。印版制作采用接触曝光的方法，把分色胶片上的图文复制到印版上。

3.打样

打样是通过试验性的仿照印刷来检查印前处理质量，并为正式印刷提供参考样章。这是在书籍印刷过程中进行质量控制和管理的一种重要手段，对控制书籍印刷质量、降低成本十分重要。

（二）装订

将已经印刷好的纸张加工成册的工艺过程，叫作装订。装订包含"订"和"装"两大工序。订，指的是将书页订合成册；装，是对书籍做装帧加工。这里主要讲书页的订合。

1.折页

折页是将已经印刷好的纸张按页码顺序折叠成书帖的工艺，通常用专门的折页机进行。按照书籍的开本类型和折页机性能，正式折页前有时要先把大张印刷纸裁切整齐，以保证折页正确。

2.配页

配页就是把某种书籍所有的书帖按顺序配全。各种书籍都需要经过配页才能成册（仅有一个书帖的小册子除外）。

3.订书及其方式

订书是把已经配好的书的全部书帖用各种方式订牢。为满足不同书籍的需求，采用的订书方式也各不相同。这里介绍三种较为常用的订书方式。

（1）锁线订

锁线订又称"串线订"，是用线沿书帖折缝逐帖串订成书心。因为锁线订的订线在书页居中折缝处，所以不占用订口，书页可以"完全打开"。它的优点是牢度高，适合各种厚度的平装或精装书；缺点是书脊的平整度较差。

（2）胶粘订

胶粘订是将书帖仅用胶黏剂粘联成册，因此书脊的平整度较好。但是，如果胶黏剂的黏度不够高，书页就很容易脱落。

（3）锁线胶粘订

顾名思义，锁线胶粘订是将"锁线"和"胶粘"两种方式结合起来的订书方式。这种方式兼备两种订书方式之长，所以被普遍采用。

（三）质量检查

根据《图书质量管理规定》，书籍的印制质量分为合格和不合格两级。如果印制质量不合格，即使书籍的其他各项指标合格，书籍的整体质量仍属于不合格。

质量检查的方式，分为上机样检查和样书检查。

1.上机样检查

上机样检查是指临印刷前，对书籍的全部清样进行检查。这样做一方面是对编校工作的质量再次进行检查；另一方面是从技术上对印前制作的结果进行检验，防止存在影响印刷质量的差错。

2.样书检查

印刷厂在书籍印刷完毕、尚未批量装订前，要先送给出版单位若干册样品进行查验。出版单位的相关责任人对样品的质量进行检查、审核，如无问题，可正式通知印刷厂开始成批装订；如有问题，根据实际情况提出具体的处理意见。

九、出版物的发行与宣传

图书上市，意味着出版物正式进入流通与发行阶段。

出版物发行，是出版全流程中一个十分重要的环节。没有出版过程，就没有出版物产品，也就不会有出版物的发行过程。从这个角度上说，出版决定发行。出版物的价值虽是在出版环节形成的，却是在发行环节得到变现的。

※　发行环节的知识点

三种最基本的发行方式：总发行、批发和零售。

总发行指的是一种出版物只能由唯一的供货商销售给其他经营者。这种方式具有排他性，就是说，一种出版物的总发行权只能由一家单位拥有，是不可分享的。

批发是指供货商向经营者批量销售出版物。这种方式的特点是：第一，供货商不与消费者直接进行交易，批发的对象中没有消费者，只有各种经营者；第二，批量销售，零星的出版物一般不进行交易。

零售是指经营者直接将出版物卖给消费者。这种方式是发行活动的最前线，销售对象一般只是消费者。

出版单位将出版物发行出去以后，并不能放任自流，而是要面向消费者积极开展相关活动，以增强消费者的购买意识，进而提升自身的经济效益和利润率。

传统观念认为："酒香不怕巷子深。"但如今是一个流量为王的时代，如果只想凭借出版物"内容为王"的优势在行业竞争中取胜，难免会吃亏。"酒香也怕巷子深"，光练不说，最终未必能够得偿所愿。出版物宣传的重要性，由此可见。

※ 几种常见的出版物宣传方式

1.利用大众传媒

通过报刊、互联网、移动互联（手机上的各种App客户端，如微博、抖音等）等大众传媒形式进行宣传，是出版物宣传中最常用的一种方式。其中，移动互联相对传递信息快、影响范围广，效果最为显著。

2.自制宣传品

出版单位可以自行编印一些宣传品，如推介书目、书评等，通过各种渠道赠送给消费者，从而激发他们的购买欲望。

3.举办新书发布会和作者签名售书活动

这类活动应该选择合适的图书进行。在消费者心目中口碑好、号召力强、拥有大量粉丝的作者，其签名售书就容易取得事半功倍的效果。

第八章　出版的基本知识

笔者从业期间在与作者交流的过程中发现，由于彼此间的信息不对称，很多作者会出现各种各样的问题，比如对出版工作流程的不够理解影响了整体进度而不自知。特别是像对书号的申领与使用规则、图书的结构与部件名称等常识，缺乏必要的了解。所以，对于作者来说，掌握一些出版常识是非常有必要的，可以帮助其在出书过程中学会配合，从而节约沟通成本，提高工作效率。

一、出版业概况

（一）我国出版业的特点与构成

我国出版业是中国特色社会主义事业总体布局的重要组成部分，是意识形态的重要阵地，在巩固舆论阵地、传承中华文明、培养民族精神、提高公民素质、推动社会全面进步等方面具有基础性、战略性作用。

1.我国出版业的特点

我国出版业的特点大体上可以概括为五条：①属于社会

主义思想文化阵地；②具有产业经济属性；③富有文化创意价值；④与信息技术密切相关；⑤事业单位实行企业化管理。

第①②③条内容将于其他章节重点阐述，这里着重讲一下第④⑤条内容。

（1）与信息技术密切相关

出版业作为文化创意产业，从事信息的收集、整理、积累和传播活动，所以与信息技术密切相关。从历史上看，每一次信息技术的重大发展，都带动了出版业的巨大进步；出版业总能迅速地将信息技术的最新成果转化为出版生产力。随着当代信息技术的飞速发展，我国出版业必将在数字化的道路上不断取得辉煌的成就。

（2）事业单位实行企业化管理

从1980年开始推行出版体制改革以来，我国出版单位几乎全部采用了"事业单位实行企业化管理"的方式。此后，我国出版单位分为两大类：公益性出版事业单位和经营性出版企业单位。目前，除人民出版社、民族出版社、中国盲文出版社、中国藏学出版社等少数公益性出版单位外，绝大多数图书出版社都已经转为企业。

2.我国出版业的构成

根据产业链来划分，我国出版业主要由图书出版业、报纸出版业、期刊出版业、音像制品出版业、电子出版物出版业、数字出版业等构成。

从产业规模的角度看，书业和报业规模较大，期刊业、音像制品出版业与电子出版物出版业规模相对较小，数字出版业起步较晚，但发展迅速，规模日益扩大。

截至2018年年底，我国（不含港澳台）共有出版社585家（包括副牌社24家），其中中央级出版社219家（包括副牌社13家），地方出版社366家（包括副牌社11家）；另外，全国共有音像制品出版单位385家，电子出版物出版单位316家。

2018年，全国共出版新版图书4.7万余种，重印图书27.2万余种。其中，书籍新版约22.6万种、重印约21万种，合计超过43.6万种，占图书出版总量的83.98%；此外，2018年全国共出版期刊10139种、报纸1871种、录音制品6391种、录像制品4672种、电子出版物8403种。

截至2018年年底，全国共有出版物印刷企业（含专项印刷）8923家，出版物发行网点171547处。

（二）我国港澳台地区出版业

1.香港特别行政区出版业

香港对出版社的设立实行登记注册制度。目前，香港有图书出版社500多家，其中具备一定规模的约100家，此外还有很多小型出版社。不少出版社联合组建成大的出版集团，如香港联合出版集团，旗下有十多家出版商，包括商务印书馆、三联书店、中华书局这些在中国近现代文化史上占据最重要地位的出版社。

世界上许多国家的出版公司或跨国公司在香港也设有分支机构，比较著名的有牛津大学出版社（中国）出版公司，内容涵盖文学、历史、哲学、社会科学等领域，是香港出版业中的翘楚。

每年一次的香港书展是香港出版业的盛事，每年7月，书展吸引来世界各地的出版商、作家和读者踊跃参与。

2.澳门特别行政区出版业

由于历史的原因，澳门出版业的发展比较缓慢，未能形成有影响力的"产业"。

澳门的出版机构主要以政府的出版机构为主，个人的出版机构较少。政府出版的图书主要用于各图书馆馆配。

3.中国台湾地区出版业

中国台湾的出版机构绝大多数是民营机构，并且主要集中在北部。中国台北都会区的出版社占台湾出版社总数的70%以上。

中国台湾地区每年都举办书展。台北国际书展是其中最大的书展，每年的一二月份定期举办。

（三）主要发达国家出版业

1.美国出版业

在美国，一般企业只要在所在的州、郡或市进行相关登记，即可成立出版社或书店。目前，全美约有6万家出版机构，其中每年出书100种以上的大型出版社（公司）有150家左右；每年出书50~100种的中型出版社有1000余家，其余的都是小型出版社或个人出版社。

2.英国出版业

英国出版企业的设立实行登记制，对外资进入英国出版业也没有限制。目前，英国有5万多家出版社，其中90%为中小型出版社。英国每年出书100种以上的大型出版社（公司）有40多家，年出书50~100种的中型出版社有340多家。

3.德国出版业

作为世界实力最强的出版国之一，德国有2万多家注册的出版社和发行机构，但其中只有约十分之一——2200多家出版社——从事经常性的商业活动。在德国，教育出版和学术出版的市场集中度很高。全国最大的10家出版集团的市场份额分别占教育和学术市场的一半以上。

此外，德国出版业实行统一定价制度——从立法上保证了一本书以同等的价钱在全国销售，以保护小型书店免受破坏性的价格竞争之害。

德国的法兰克福书展是世界上规模最大、最富盛誉的书展，每年10月，全球100多个国家和地区的7000多家参展商齐集于此。

4.日本出版业

日本是一个出版大国。目前，日本约有3800家出版机构，80%位于东京，大多数出版机构都比较小，大中型出版商经常同时出版图书和期刊。

二、出版物

（一）书号是什么

图9-1 中国标准书号 示例图

中国标准书号（如图9-1所示）由标识符"ISBN"和13位数字组成，在书写或印刷中国标准书号时，标识符"ISBN"应使用大写英文字母，其后留半个汉字空，数字的各个部分之间应以半字线隔开。即

ISBN EAN·UCC前缀-组区号-出版者号-出版序号-校验码

示例：ISBN 978-7-5130-2497-6

1.EAN·UCC前缀

EAN·UCC前缀由国际物品编码协会专门提供给国际ISBN管理系统，我国目前使用的图书类产品的标识编码为"978"（979备用）。

2.组区号

组区号由国际ISBN管理机构分配。中国大陆的组区号为"7"。

3.出版者号

出版者号负责标识具体的出版单位（出版社）。它由中国ISBN管理机构统一设置和分配。

4.出版序号

出版序号由出版单位按出版物的出版次序管理和编制。

5.校验码

校验码负责检验ISBN是否正确。它采用模数10的加权算法计算得出。

（二）书号的分配与使用

在我国，一个书号在任何情况下均不能改变、替代或重复使用。任何在社会上公开发行的图书，都必须配备有唯一、合法的书号。书出版后一个月，出版社备案后可以在出版社查询到。对于没有书号且公开发行的书，不论内容如何，都会被视为非法出版物，需要承担相应法律责任。

并且，根据相关规定，同一出版物的不同产品形式（如精装本、平装本、盲文版等）均应使用不同的书号。如果是曾经出版过的书需要重新装订，如将一本平装书改版为精装书，之前的书号也不能再用。

图书在重印或再版时，书号的申领、使用情况大体分为以下两种：

1.再版。即图书的内容、版本或出版者有了较大的变动，此时应该申请新书号。

2.重印。即图书的内容、版本或出版者没有发生什么变化，那么就不用申请新书号。

仅仅是调整定价或者修正印刷错误等细微变化而印刷出版物，也属于重印，不用申请新书号。

如果是用一个书号出版的多卷书、丛书、成套书，其中的单本不能单独在新华书店发行，但可以通过第二渠道或内部发行的方式发行。对于职称评定用的书号，需要先打听好所在职称评定部门的要求。有的地方用丛书号出一本书来评职称的话，只需要出版社开一个证明即可；也有的地方只承认单书号。

关于电子书号，是指音像出版社或电子出版社的号。书号的外观上和一般出版社纸质图书的书号一样，但这种书号是要求配光盘的。因为是以光碟为主要载体形式，所以该种书号出版的图书无需经中国版本图书馆分配CIP数据。但是如需进入市场公开发行，则一定要以图书配合光碟共同销售，否则就进不了正规市场。

（三）书号在出版物上的呈现方式

1.中国标准书号必须永久性地出现在出版物上。

2.在封底（或护封）上，中国标准书号应以条码格式印刷在封底（或护封）的右下角，条码上方印有OCR-B字体的中国标准书号。

3.出版物的版权页上也要印有中国标准书号。

三、图书的结构部件

（一）必备的结构部件

图书必备的结构部件，指的是任何一本图书都不可或缺的组成部分，它包括封面、主书名页和正文书页。如果缺少了其中的任意一种，图书便不能称为"图书"。

1.封面

"封面"有广义与狭义的区分。广义的"封面"也叫作"封皮"，精装书的封面称为"书壳"。封面由面封（也称"封一"）、底封（也称"封四"）、封里（也称"封二"）、底封里（也称"封三"）和书脊（也称"脊封"）组成。狭义的封面则专指其中的面封部分（如图9-2所示）。

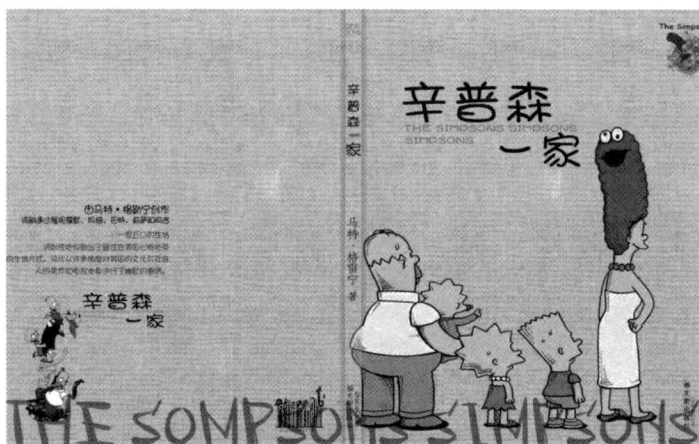

图9-2　封面

2.主书名页

书名页是图书在正文前记录有完整书名信息的书页，包括主书名页和附书名页，主书名页是所有图书都必须具备的，附书名页是可供选择的。

主书名页包括扉页和版权页两部分。

（1）扉页

扉页位于主书名页的正面，它的上部记录有图书的书名、作（编、译）者名和出版者信息。书名、作（编、译）者名和出版者信息均采用全称（如图9-3所示）。

丛书、多卷书、翻译书等特有的一些书名、作（编、译）者名和出版者信息，一般单独列载在附书名页上。

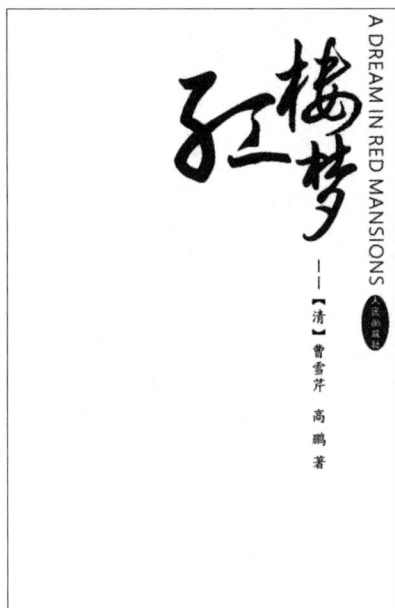

图9-3　扉页

（2）版权页

版权页也称"版本记录页"，位于主书名页的背面。它应载明图书的版权说明、图书在版编目数据（CIP）和版本记录（如图9-4所示）。

①版权说明。它位于版权页的上部左起位置。版权说明对本图书著作权的归属做出确定。一般以版权符号"©"开头，后列著作权人名称和初版年份。

②图书在版编目数据（CIP）。它位于版权页的中部偏上

位置。图书在版编目数据是中国版本图书馆CIP数据中心依据一定的标准编制而成，印在图书上的书目数据。

③版本记录。它位于版权页的下部位置。版本记录提供该图书的出版责任人记录（责任编辑、封面设计和责任校对等）、出版发行者记录（出版者、印刷者和发行者等）、载体形态记录（开本、尺寸、印张数和字数等）、印刷发行记录（定价、不同版次的出版和印刷时间等）。

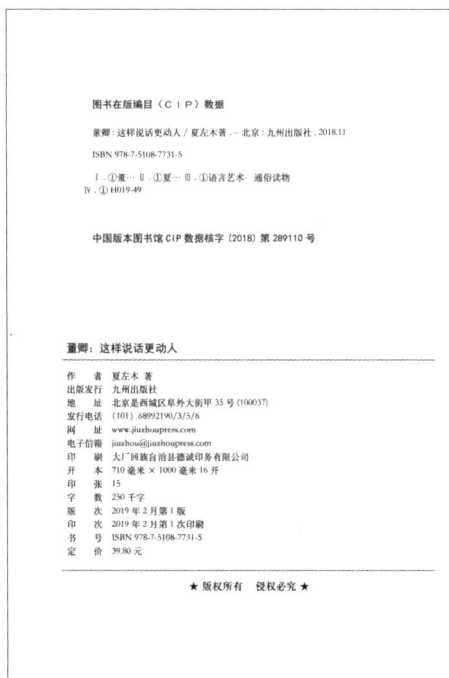

图9-4　版权页

3.正文书页

正文书页承载了图书的使用价值，所以它是任何图书都不可或缺的重要组成部分。

（二）可供选择的结构部件

图书可选择的结构部件，指的是在图书构成中具有重要作用，却并非每本书都必须具备的部件。

1.腰封

腰封指的是包在图书封面中部或底部的一条长纸带，属于外部装帧物。腰封一般采用牢度较高的纸张制作。腰封上可印有相关的宣传语或推介语（如图9-5所示）。

图9-5　各式各样的腰封

2.护封

护封指的是包裹在硬质封面外的包书纸。它能起到保护封面的作用，故称"护封"。护封多用于精装书（如图9-6所示）。

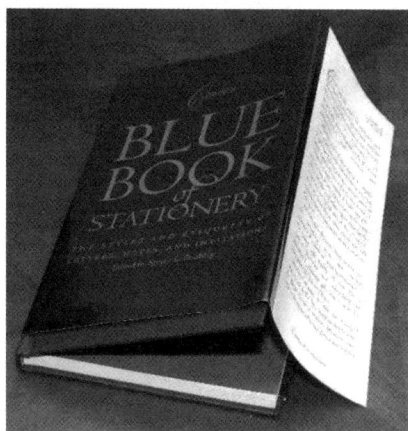

图9-6 护封

3.环衬

环衬是置于封面与书心之间的过渡性双连书页。它由两张与正文书页大小一样的书页组成，两张书页中间虽有折痕却不分离，呈现出一种"相连"的状态（如图9-7所示）。

每个环衬都有4个页面，置于书心前的称为"前环衬"，置于书心后的称为"后环衬"。对于精装书而言，环衬几乎是必备的结构部件，并且必须要前、后环衬同时使用，因为只有这样才能使硬质的书壳与书心牢固地联结在一起，同时也具有一定的装帧作用。

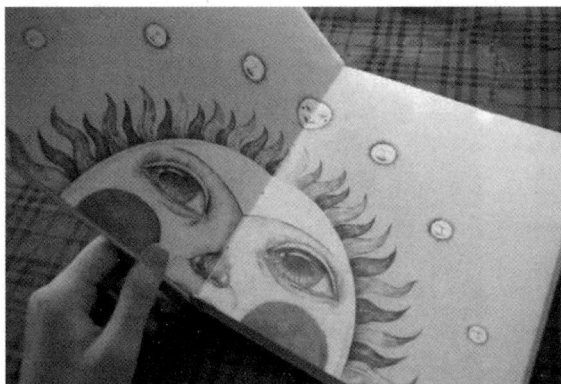

图9-7　环衬

4.衬页

衬页是夹在封面与书心之间的过渡性书页，一般衬在封里（封二）和书名页之间，底封里（封三）与书心末页之间也可以加衬页。衬页的使用，可以保护书名页（或正文书页），同时也能起到美化装帧的作用。

5.附书名页

附书名页是列载丛书、多卷书、翻译书等相关信息的单页型书页。一般来说，附书名页应位于主书名页之前。如果扉页有足够的空间，也可不设附书名页，而将上述信息载于扉页。

6.书函、书套

书函类似于一个盒子，用厚纸板做里层，外部裱有织物，供存放、保护图书之用（如图9-8所示）。

图9-8　书函

书套是一侧开口的硬质纸盒，规格略大于需要放置的图书（如图9-9所示）。

图9-9　书套

四、校对符号

校对符号是校对人员在校样上标注使用的专用符号。它是编辑、校对和排版人员之间进行工作联系时必须采用的，表达改版要求的一套符号。一般作者拿到的都是已经修改完毕的稿件，只有少数情况下会看到这些（如图9-10所示）。

校 对 符 号 及 用 法

编号	符号	符号作用	符号用法示例
1	○○	改 正	提前中国书装水平. 高
2	○——	删 除	要处理解决好不同纸张的差别.
3	∧○	增 补	装帧是书籍的表面化妆. 并非
4	○×	换损污字	装帧设计能够深化书的内涵. ×
5	～	转 正	一本书就是一←生命体.
6	⌇	对 调	更新观念书装. 更新观装书念.
7	⌇	转 移	文字好了,它会比具体的形象更具有表现力处理.
8	⌇	接 排	绘画之感性. 设计之理性.
9	←⌐	另起段	达到了完美的效果. 读书……
10	＞∨	加大空距	书籍形态 新的书籍形态的构成是感性和理性的创造过程.
11	∧∨	减小空距	既要继承民族的文化, 也要借鉴外来 的优 秀文化.
12	Ｙ	分 开	Book Design
13	△	保 留	说的装帧
14	○＝	代 替	设计书籍由四个要素组成: 一○是文字, 一○是图像, 一○是素材, 一○是色彩. ○个

图9-10　常见校对符号及其用法

第九章　三审与三校

三审三校是现代出版制度的基石之一，它是确保作品内容品质的前提，是出版工作的核心流程，一共包括初审（一审）、复审（二审）、终审、一校、二校、三校六个环节，此外还有个"通读"环节。这是经过长久历史积淀、逐渐确立的一套行之有效的编辑流程。

一、什么是三审三校

（一）三审制

三审制，全称为"三级审稿责任制度"，由初审、复审和终审三个审级组成，是我国出版单位长期以来一直实行的审稿制度。

三审的流程按照初审→复审→终审的次序依次递进，前一审级要对后一审级负责，并为其提供审稿意见；后一审级要对前一审级进行制约，并对其提供的审稿意见做出评判。

（二）责任校对制度

出版社每出版一种书，都需要一名具有出版专业职称的编辑人员负责图书的校对工作，校对人员一是负责校样的文字技术整理工作和付印样的通读工作；二是监督检查各校次的校对质量。

（三）"三校一读"制度

"三校一读"制度是指付印样在印刷前必须完成一校、二校、三校和通读检查的工作。一般图书的校对不低于三个校次，重点图书还应相应地增加校次。

※　校对工作的质量要求

1.稿件内容须完整、确定

校对人员在校对稿件时，如果发现稿件上存在文字缺失、缺段、缺页、字迹模糊、印刷不清晰等情况，应尽快与编辑或排版人员进行确认，消除差错。

2.标点符号、数字的使用要规范、正确

根据《出版物上数字用法》（GB/T15835-2011）的规定，书稿中凡是可以使用阿拉伯数字且比较得体的地方，均应使用阿拉伯数字。如果遇到特殊情况，可以灵活处理，但应该在局部范围内保持相对统一并符合习惯。

标点符号的使用规范可参照《标点符号用法》（GB/T15835-2011），此处从略。

3.引文、注释、参考文献的格式要规范、准确

校对引文主要是检查引用的内容是否恰当和准确，即检查引文是否与原文相符，有无断章取义、歪曲原意或张冠李戴的情况。

校对注释时，需要检查注释的格式及注文是否正确，注码与注文是否对应，注码的顺序是否正确，等等。

关于参考文献编排、著录的相关细则，可参照《信息与文献参考文献著录规则》（GB/T 7714-2015），此处从略。

4.体例要规范、统一

书稿通常都分成篇、章、节、条、款、段等层次，校对人员需要注意标题的层次划分问题，即统一层次标志。对于稿件中不同层次的标题，要按照"由大到小、由重到轻"的原则选择适合的字体、字号，做到"变化有序、区别有秩"，在大小中分层次，在变化中显区别。

一般来说，标题的级别由大到小依次为：

一、××××　（一）××××　1.××××　（1）×××× 　a.××××

字体由重到轻的顺序为：

黑体　宋体　楷体　仿宋体

总之，无论采用哪种层次标志，同一部作品都应该使用统一的标志形式。

二、出版政策

在写作之前，一定要对我国的出版政策进行一个基本的了解，否则无论作者的作品多么优秀，在选题审核环节就会被筛掉。

我国的出版工作，是中国特色社会主义事业的重要组成部分，这个性质决定了我国出版业与其他国家出版业既存在某些共同之处，又具有自己的特点。

1.属于社会主义思想文化阵地

在我国，出版业是社会主义先进文化的建设者和传播者。所以，我国出版业首先是一种社会主义文化事业，具有意识形态性，是重要的社会主义思想文化阵地，与中国特色社会主义建设全局、国家意识形态安全和社会安定有着十分密切的关系。

2.具有产业经济属性

出版业为了组织出版物的生产和传播，需要一定的经济投入。出版产品只有作为商品在市场上流通才能实现价值。因此，出版产品还是一种文化产品，具有产业经济属性。

3.富有文化创意价值

出版活动的对象和成果主要是人类的精神文化内容。因此出版业富有文化创意价值，是文化创意产业的重要组成部分。

综上所述，要想保证自己没做无用功，必须提前了解我国出版政策的基本常识。

（一）禁止出版的选题

根据《出版管理条例》（2016年修订）第二十五条规定，任何出版物不得含有下列内容：

1.反对宪法确定的基本原则的；

2.危害国家统一、主权和领土完整的；

3.泄露国家秘密、危害国家安全或者损害国家荣誉和利益的；

4.煽动民族仇恨、民族歧视，破坏民族团结，或者侵害民族风俗、习惯的；

5.宣扬邪教、迷信的；

6.扰乱社会秩序，破坏社会稳定的；

7.宣扬淫秽、赌博、暴力或者教唆犯罪的；

8.侮辱或者诽谤他人，侵害他人合法权益的；

9.危害社会公德或者民族优秀文化传统的；

10.有法律、行政法规和国家规定禁止的其他内容的。

并且，《出版管理条例》第二十六条规定，以未成年人为对象的出版物不得含有诱发未成年人模仿违反社会公德的行为和违法犯罪的行为的内容，不得含有恐怖、残酷等妨害未成年人身心健康的内容。

（二）需送审备案的重大选题

如果作品涉及重大选题，出版时间也会因各种报备流程而相应延长1~3年，甚至更久。

新闻出版署规定的需报备案的选题范围是：

1.有关党和国家的重要文件、文献的选题；

2.有关党和国家曾任和现任主要领导人的著作、文章以及有关其生活和工作情况的选题；

3.涉及党和国家秘密的选题；

4.集中介绍政府机构设置和党政领导干部情况的选题；

5.涉及民族问题和宗教问题的选题；

6.涉及我国国防建设及我军各个历史时期的战役、战斗、工作、生活和重要人物的选题；

7.涉及"文化大革命"的选题；

8.涉及中共党史上的重大历史事件和重要历史人物的选题；

9.涉及国民党上层人物和其他上层统战对象的选题；

10.涉及前苏联、东欧以及其他兄弟党和国家重大事件和主要领导人的选题；

11.涉及中国国界的各类地图选题；

12.涉及香港特别行政区和澳门、台湾地区图书的选题；

13.大型古籍白话今译的选题（指500万字以及500万字以

上的项目）；

14.引进版动画读物的选题；

15.以单位名称、通讯地址等为内容的各类"名录"的选题。

（三）案例

【案例1】

1989年3月，上海文化出版社出版了一本名为《性风俗》的书，书中对穆斯林的一些群体性风俗做了色情描写。结果，此书引发了全国穆斯林的集体性抗议。在兰州，数万名穆斯林上街游行，要求政府严惩《性风俗》一书的作者和责任编辑，并要求处死作者，否则穆斯林将"不惜一切代价"惩罚他们。事件发生后，有关方面十分震惊，新闻出版署在政府的指示下，责令该书立即停止销售，成书全部销毁化浆，已经卖出的书必须全部追回；上海文化出版社宣告解散；作者被判处有期徒刑1年零6个月，责任编辑被判1年。

《性风俗》一书违反了党的民族与宗教政策，损害了党和政府与穆斯林群众的关系，粗暴地伤害了穆斯林群众的宗教感情，影响十分恶劣。此书的出版经历是每一个出版从业人员都应该铭记的历史教训！

出版无小事。作为编辑，不仅要切实履行好"把关人"的职责，还要学会与作者开展合作，取得作者的积极配合，严防死守，敢于亮剑，将出版事故的隐患消灭在萌芽状态。

【案例2】

1989年8月，解放军出版社出版了张正隆撰写的长篇报告文学《雪白血红》。作者根据对许多当事人的采访记录，"如实"地写下了解放军在辽沈战役中的一些所作所为，如"长春围城造成了平民百姓的大量死亡"，这些内容被有关方面认为是"将共产党和国民党视作一丘之貉"的错误观点，是"舆论导向大有问题"的图书，此书随即被停止发行。出版社的相关责任人分别遭到不同程度的处罚（撤职或降职），责任编辑马成翼被关了23天，作者张正隆被关押了一个月。后来，张正隆再创作军事文学时，懂得了要小心翼翼地绕开雷区前行。

其实，不仅是《雪白血红》的作者，任何一位编辑和作者都应该懂得"绕开雷区前行"。

【案例3】

2010年8月，中国友谊出版公司出版的《令人战栗的格林童话》一书刚刚上市没多久，就遭到了许多读者的举报。原因是该书内容低俗不堪，篡改、颠覆了原版《格林童话》中许多脍炙人口、纯洁美好的故事情节；书中大量的色情、恐怖与残酷内容，已经严重危害到未成年人的身心健康。事件发生后，出版方公开向家长道歉，出版社立即进行停业整顿。

我国《出版管理条例》中明确规定："以未成年人为对象的出版物……不得含有恐怖、残酷等妨害未成年人身心健康的内容。"编辑人员必须时刻牢记出版政策与现行的法律法规，一不踩"红线"，二不踩"高压线"；凭借自身的不懈努力，力求营造出和谐的出版环境。

第十章　书籍的排版与设计

　　书籍排版与设计包括版式设计、字体、字号、行距、封面、插图等，应用于书籍的每一个细节。更重要的是，在满足符合当下人的审美需求的前提下，通过对书籍的整体设计，能更好地对书的内容和主题进行展示和表达，给予读者好的阅读体验。

　　如果把书比喻成展览馆，那么封面便是大门，章节是展厅，内容是藏品，留白是灯光。这也从侧面表现了书籍排版的重要性。书籍的排版蕴含着时间与空间的概念，版面的设计能够将文字、插图、色彩等大量元素混杂于同一个区域，从而对其进行重新排列整合，使其以更加完美的状态呈现在读者面前。

一、常用排版样式

　　书，读起来一定要舒适。单纯的文字只有传达信息的作用，而通过排版设计可以营造良好的阅读氛围，使文字更有血肉，让书籍拥有更为丰富的表现，让读者在进行阅读时能够与书籍产生互动交流等情感体验。在进行排版设计时，专业排版师会把书籍的内文设计与书籍的开本、装帧、封面等形式进行协调，从而达到经济、实用、美观的效果。

一般在设计时，排版师会遵循"天头大于地脚"的原则，合理地留出空白。天头和地脚分别是版心上方和下方的留白区域，当页面的上边距大于下边距时，版面会显得通透、开朗、清新，尤其在以文字居多的版面，留白能在视觉上给予读者轻快愉悦的感受。而对于那些在阅读时爱写旁批的人来说，留白也成了笔记本的功能。不止页边距，行距等也要考虑到易读性的问题。行距一般为字号大小乘以2减去2或3，或者在某个区间里，但有时也会根据字数、阅读对象、成本而做出调整。

字体的选择是非常重要的。现在电脑字库里的字体十分丰富，字的形态多样，字面着墨的轻重各有不同，可选择的空间很大。不同字体都有它适用的范围，目前版式设计中多用的字体为宋体、仿宋体、黑体和楷体，也可以根据需要设计成长体、偏体、粗体、细体等形态各异的字体。宋体端庄秀丽，笔画深浅适中，阅读舒适，用于正文和标题很适合；仿宋体秀丽挺拔，多用于简短的文字或说明性文字；黑体笔画粗重有力，透露出肃穆庄重的阳刚之美；

而楷体温润清爽，体现出阴柔之美。

（一）文字为主

《偷得浮生半日闲》

全篇都是文字。采用通栏的排式，突出文字主体，干净、简洁，能够把文字更好地传达给读者，让读者不受其他因素干扰，拥有自己想象的空间。

（二）图文并重

《我们开店吧》

以文字为主，版面遵循"图随文走、先文后图，图文紧靠"的原则，图片用来解释说明文字内容。比如书中提到了吧台问题，下面配合的就是一张吧台的图片，直观、简明，方便读者阅读理解。设计人员为确保图的自明性，还会为这本书加上注释。插图作为书中的一部分，不仅能传递信息，也能带来形式美，活化和美化版面，避免版面单调，使作品达到技术与艺术统一。这本书通过以文为主，图片辅助的形式，完美地提升了书籍的阅读体验。

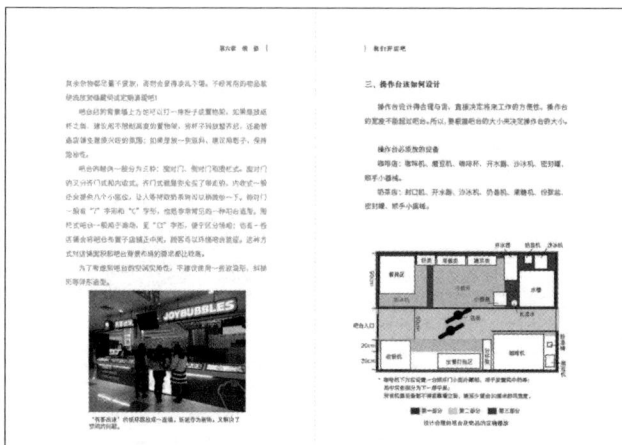

（三）图片为主

《神奇动物大百科》

以图为主，文字解释图片。更多应用于绘本、漫画等。将解释文字集中排列，实现图文内容的紧密结合。图文的排式、字体、颜色的选择比较灵活，给读者轻松的阅读感受。

二、封面设计的意义

封面是图书的外在展现，它包在书心和书名页（或环衬、插页等可选结构部件）外面起保护作用。书籍的封面犹如音乐的序曲，是把读者带入内容的向导。设计在一本书的整体设计中具有举足轻重的地位，图书与读者见面，第一个回合就依赖于封面。好的封面设计不仅能吸引读者，使其一见钟情，而且耐人寻味、爱不释手，甚至还具有收藏的价值。恰到好处的封面设计对书籍的社会形象有着非常重大的意义。

对比以下不同的封面设计，哪款对你更有吸引力？

《怪谈》

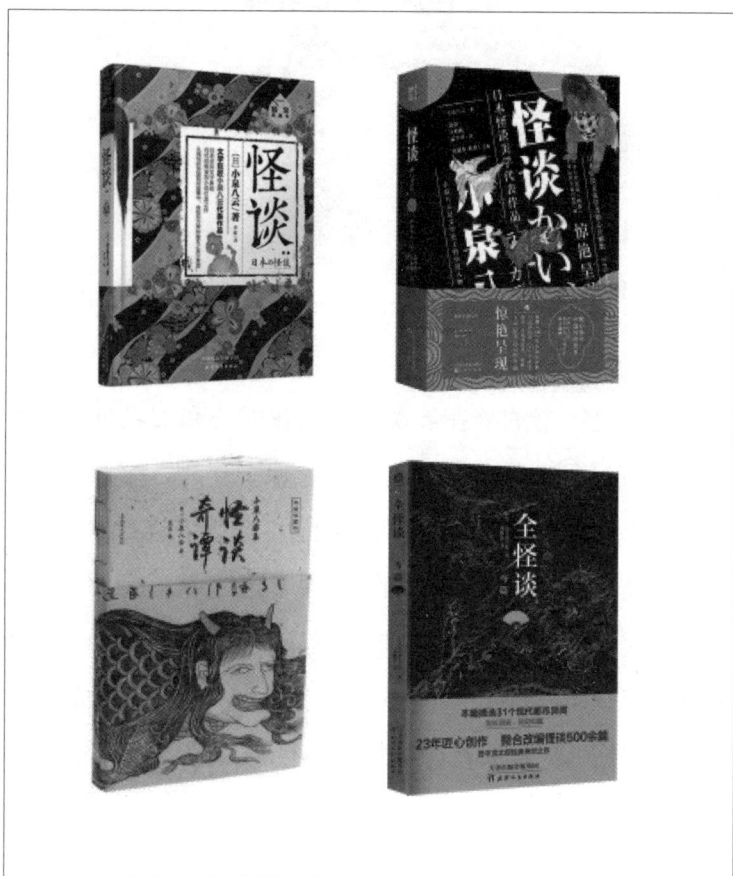

《我是猫》

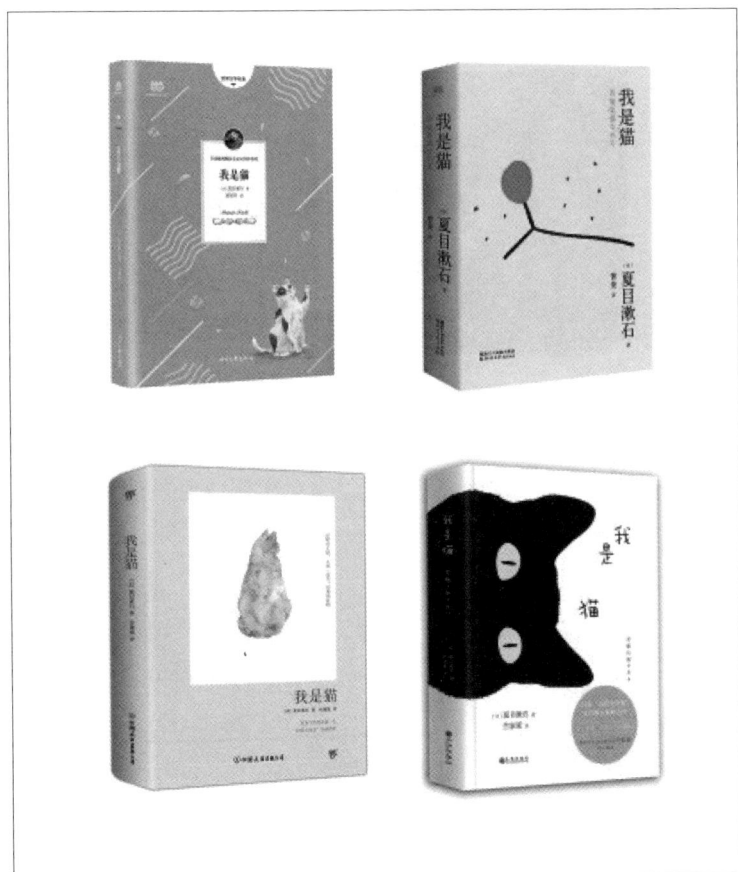

《夜航船》

《小王子》

三、封面设计的必备要素

封面的设计一般要体现书名、作者名和出版社名等必需要素，并能通过装饰形象、色彩和构图体现出书的内容、性质、体裁等。宽度不小于5mm的书脊，图书都要印上主书名和出版社名，以及作者名，但如果空间不允许，作者名可以不加，但是封面上一定要列出书名、作者名和出版社名。文字的竖排、横排或断行，要根据整体设计的情况和实际的厚薄来决定。封底相对于封面的设计略为简单，一般有条码、价格或与书内容相关的介绍。

在设计时，要注意封底与书脊、封面的一致性，不要破坏封面的完整性。对于有勒口的封面，可以在勒口印上该书的作者简介或简短的内容介绍，也可以将封面的设计因素延伸到勒口上来，如延伸的线、相应的色块，或是简单的插图等，都能对勒口起分割面积和装饰的作用，同时，也可起到贯穿封面与内文的作用。

作者需要提供：
1. 书名
2. 作者名
3. 作者简介跟相片
　（相片分辨率300以上）
4. 本书简介
5. 正面和反面宣传语
6. 色调与风格

四、封面设计的表现方法

对于设计师来说，封面设计是件很辛苦的事，人的审美千差万别，设计者会根据作者要求、书的内容及类型做出相对应的设计。一般来说，封面设计有以下四种表现形式。

（一）直表型

直表型表现方法指封面上只印刷书名、著作者名、出版社名等文字，使用普通的白纸，印一至两色。这类设计大多用于学术书和专科著作等。

《出版专业实务（中级）》2015年版

以红色为主色调，灰色为辅，面封上的书名等信息以白色为主。书名等基本信息足以证明这本书的分量。

（二）添加型

添加型表现方法指以明快的表达、简洁的说明和基本反映内容要点的图像（绘画或摄影作品）作为基本要素进行设计，较多用于实用类和娱乐性书籍等。

《丝绸之路：两千年的历史与文化》

封面是整个丝绸之路的一处风景，与书名相符。透过封面带领读者穿越两千年时空，重走神秘的丝绸之路，见证中华文明的繁荣与昌盛，再现丝绸之路的灿烂与辉煌。

（三）构成型

对于仅以基本的文字要素构成难以传达内容、意思的著作，为了帮助读者理解，可直接从书的内文中选择文章或照片引用于封面上，此即构成型。

《白夜行》

封面图案采用书中提到的剪纸，与文章内容呼应，人物为灰色，背景为白色，形成对比，突出作者想表达的主题。

（四）综合表现型

运用文字、图像、色彩和构图要素的具有创造性的综合表现方法。这种设计形式较多用于文化艺术、思想修养读物。其内容意味和感受印象的表现力往往给了人们从视觉至内心一种意境无穷的品位。

《雪人》

由于这是一本悬疑小说，封面除了主体是一个女人的背影，还用大大小小、或明或暗的圆形铺满了整个封面。圆形象征着雪，但异常的颜色和女人的背影，不禁让人产生遐想。

五、封面设计的呈现风格

（一）正统风格

《圣经故事》

《圣经》是犹太人和基督徒的圣书，对西方人的精神和文化影响深远。这本《圣经故事》的外封设计气势恢宏，采用专色印刷，华丽精美。内封选用画布纸，书名作压凹处理，古典而高雅。适宜翻阅与珍藏。

《中华人民共和国侵权责任法注释本》

封面以红色为主色调，辅以黄色和白色。红色代表着权威、革命等；黄色代表着高贵等；白色象征着公正、纯洁等。这本书封面设计简洁、大方，让人不由得产生尊敬感和信服感。

（二）可爱风格

《世界欠我一个初恋》

　　封面采用插画形式，定调为粉红色，书名选用可爱的手写字体。男孩、女孩，还有一个小动物，极具生活气息，让人爱不释手。可爱离不开粉色，生活中粉色还有温馨、青春、明快、恋爱等含义。

（三）文艺风格

《三毛传》

　　三毛，一位文艺女神、传奇女子，她是撒哈拉沙漠里的一朵花。这本传记的封面以淡粉、蓝色为主，清新文艺。主题图案是蒲公英，蒲公英一吹就能飞向任何地方，好像她为追梦而流浪，行遍万水千山，又像她奔走开出的满地繁花。

（四）简约风格

《全能团队：用最少的人做最多的事》

这本书的封面设计相当简单，但仍然色彩鲜艳、引人注目。它将经典的字体和勾勒成象征灵感的电灯形状的线条结合在一起，给整个封面增加了空间与质感。用同样简单但有吸引力的文字来平衡图像，以保持文字和图像之间的平衡，线条和颜色的对比又进一步升华了整个设计。

《蚁呓》

这本书的封面上没有署名，也没有内容，白色的方形封面上只有五只蚂蚁。封面设计者运用大量留白，有种形式美感，简洁、干净，给读者想象空间。蚁呓是指"蚂蚁的呓语"，通过对一只小小蚂蚁的刻画，呈现出一种因微小而愈显突出的效果，作者记录它们关于寻找、奋斗、迷茫、孤单的种种镜头，也让读者思考生命的意义。

（五）中国古典风格

《茶经》

读者更加青睐于具有人文色彩的图书封面，其中传统文化元素就具有这一特色。这本书封面采用特种纸压纹工艺，以中国水墨画为封面图，将传统文化融入图书中，给人扑面而来的历史气息，古朴大气，极简雅致，凸显国韵文风，又不失时尚美观。

（六）日韩风格

《班门·光》

日版书籍封面偏重设计感，喜欢用汉字元素，风格偏简约，给人一种安静却蕴含力量的感觉。这本书的封面设计注重文字的排布，以建筑的概念建立排版的层次、结构，很好地处理了文字的字体、字号以及文本的灰度和阅读主次的关系，整齐有序，清晰完整；中间部分色彩纷呈的设定，有一个非常清晰的编辑设计意识，而不是局部装饰的概念。书名"班门"慎重考量

应用了聚珍仿宋这种字体，它与内容、语境相吻合，并且强化空间的文字语言与全书的构筑主体内容，色彩的理性分析和配置相契合。它没有华丽设计的缀饰，而诸多细节的设计思考耐人寻味，给予读者很好的阅读体验。

《你是我的小确幸》

韩版书籍封面的设计简单、清新。这本书的封面主体是小女孩和可爱的小狗，颜色以绿色为主。绿色是大自然界中常见的颜色，代表着青春、清新，就像书名中的"小确幸"，给人希望，尤其吸引女性的注意。

（七）欧美风格

The Mothers（《母亲们》）

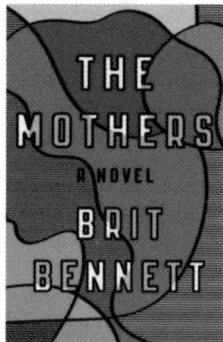

这本书的封面具有非常强烈的毕加索风格，仔细观察，居然是一个女性的头像，整个用色非常鲜艳，预示着年轻与爱的主题。封面设计简单，传达了图书内容的信息，颇具设计感和西方艺术感，这也与欧美人的思维方式息息相关。

Who Moved My Cheese《谁动了我的奶酪》

这本书的封面以奶白色为背景，书名不光使用了超大字号，还用了鲜艳的红色。除此之外，书名中的"v"用了与之形态相仿的黄色奶酪造型作为替代，不仅与书名和核心内容相呼应，也与书名在颜色上形成鲜明对比，令标题更加引人注目，增添了几分俏皮。不同于国内封面多将广告语集中于某一位置，该书的广告语用蓝色小斜体穿插于封面中的空白处，在传达信息的同时也使封面具备一定的整体设计感。通过这种方式，图书封面设计师可以让读者的注意力更集中在图书的核心内容和故事中，让文字信息有层次地传达出来。

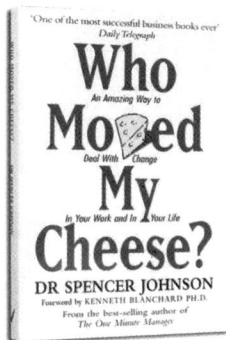

版式之所以要"设计"，目的是运用精心设计的版式，有效传达书中的信息，让图书的思想内容表达更容易被大家理解和把握。当然不管封面、插图如何设计，都是为书中内容服务的，不能离开书本身而去做设计，它们的主题应该是一致的。

第十一章　印刷与装帧

纸质书对更多人来说，除了阅读以外，还具备了摆设和收藏的功能。爱读纸质书的人应该都对书籍的印刷和装帧的要求比较苛刻，也都有自己的偏好。印刷色数、封面工艺、装订方式的不同都会对阅读感受、书籍保存造成很大的影响。印刷装帧，实际上是技术与艺术的统一。

一、书籍的规格

印张是书籍出版术语。它说明印这本书需多少纸张。因为一张纸可以两面印，所以两个印张才算一个全张。1令纸是500张，也就是1000印张。

只要是印刷就必须包含成品尺寸，图书印刷完成后交到读者手中的，就是我们所说的成品，而成品就有规格，即成品尺寸，实际长宽多少毫米。

那怎么算印张呢？印张等于总面数除以开数。凡是用纸与正文相同、可与正文部分合在一起印刷的前言、目录、索引、附录、后记等，其所占面数都要计入总面数。需要注意的是，印张只能是整数，或者是小数部分的尾数为25、5、75，页码总数能被4整除的数。

简单来说，开本就是出版物幅面的大小规格，也就是全张纸裁切的数据体现。全张纸指的是未经过剪裁或未破坏表面完整的纸张。在实际生产中，通常将幅面为787毫米×1092毫米的全张纸称之为正度纸。它是我国当前文化用纸的主要尺寸，国内现有的造纸、印刷机械绝大部分都生产和适用此种尺寸的纸张，它也称全开纸。

将全张纸对折裁切后的幅面称为对开或半开，对开再对折裁切叫4开，4开再对折裁切叫8开，如此类推。常见的开数有：16开，多用于杂志；32开，多用于一般书籍；64开，多用于中小型字典、连环画。诚然，这是比较经典的开切法，纸张利用率高，可以机器折页，印刷装订也很方便。只要不嫌麻烦，自然也可以撇开这种惯性思维，采用新颖的裁切方法，只是那样的话，固然与众不同，但浪费和各种问题也会接踵而来。由于纸张幅面有所不同，所以，即便是同样的裁切开数，得到的规格大小也不一样。

书籍的规格还要考虑书的主题、内容、性质、读者的需要、成本等。只为达到某种视觉效果，脱离了书本身，就会失去其应有的意义。

下面列举一些开本的规格。

（一）32开本

《小山词》

开本：120mm×185mm　1/32

页数：272

字数：45千字

印张：8.5

这本书以诗词和图片为主，采用小32开，灵活精巧，符合这本书的风格，也便于携带，节省成本。

《顶层思维：逆转人生的神奇心理效应》

开本：145mm×210mm　1/32

页数：256

字数：155千字

印张：8

这本书采用大32开，在视觉上呈现丰满、大气、庄重之感，也适合收藏。

（二）16开本

《宋徽宗瘦金书千字文临摹指要》

开本：210mm×285mm　大16

页数：128

字数：208千字

印张：8

这本书图文并茂，大开本让读者
更方便练习。

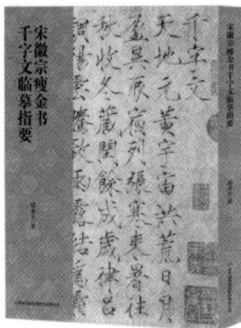

（三）非常见开本

《分好类超好背15000英语单词口袋书》

开本：105mm×180mm　1/32

页数：512

字数：300千字

印张：16.5

这本书采用小开本，符合该书的
理念——放口袋，公交上、地铁上、
公园里……随时学、随地用。

《陪孩子读诗》

开本：787mm×1092mm　　1/24

页数：216页

字数：300千字

印张：9

中型的方开本，适合家长与孩子捧在手中阅读。

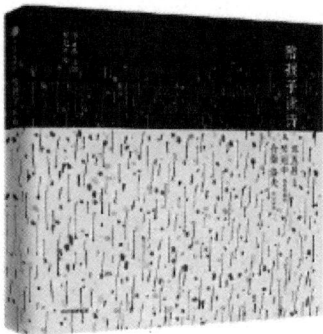

二、印刷方式

印刷指制成可复现原稿视觉信息的产品的全部过程，包括印前制作、图文复制和印后加工。我国是印刷术的发源国，是人类近代文明的先导。印刷术发展到现代有平版印刷、凸版印刷、凹版印刷、孔版印刷四大类，其中最常见的就是平版印刷（又称胶印，香港又叫柯式印刷）。还有一些特别的印刷工艺，如丝网印刷、柔性版、移印、影印、喷墨印刷、数码印刷（又称按需印刷）等印刷技术。

三、常用的印刷色种

印刷色种分为单色、双色、四色三种，色种越多，成本越高。

单色印刷，顾名思义，就是印刷的颜色只有一种。单一颜色的印刷效果，可以是黑版印刷、色版印刷，也可以是专色印刷。专色印刷是指专门调制设计中所需的一种特殊颜色作为基色，通过一版印刷完成，任何一种颜色都可以转换成专色。从成本来说，专色印刷也会更加高昂，主要用于内文。

双色印刷就是只有两个颜色的印刷。两个颜色，可以是专色，也可以是印刷四原色中的颜色。

四色印刷就是所谓的彩印，可以通过青、品红、黄、黑（也就是CMYK）四个颜色组合印出彩色图案，不局限于这四个颜色。还可以根据要求，添加一些无法通过CMYK调出来的专色，如金色，铜色、荧光色，四色印刷加上专色，就是五色甚至六色印刷了，专色主要用于精装书。

印刷色就是由青、品红、黄、黑占不同的比例而组成的颜色。CMYK就是通常采用的印刷四原色。纸张在印刷机里经过CMYK四块色版的着色，被印上各种各样的颜色。特别注意，印刷所用的电子文件一定要为CMYK四色文件，RGB颜色模式的文件不能用于印刷输出。

四、纸张选用攻略

虽然现在电子信息行业很是发达，但是纸张的使用依然非常广泛，如果你不知道纸张选择有哪些技巧，可以参考以下几个方面：

纸张的选用包括选择品种、规格和质量等级等几个方面。印刷书刊中的彩色封面、插图或广告插页等，可选用双面铜版纸或双胶纸；印刷商标等单面印刷品则可选用单面铜版纸或单胶纸；印刷字典、词典、手册等工具书宜选用字典纸或薄凸版纸；印刷一般书籍则可选用胶印书刊纸或凸版印刷纸。印刷品的种类很多，要根据各种印刷品的具体特点选择所用纸张的品种。

随着人们生活水平的提高，纸张的品种愈来愈多，特种纸应运而生。特种纸（也称花式纸、艺术纸）主要是指区别于铜版纸、胶版纸、新闻纸等普通印刷用纸。特种纸通常需要特殊的纸张加工设备和工艺，加工而成的成品纸张具有丰富的色彩和独特的纹路。这种纸具有可压缩性、可折叠性，既便于加工，又易成形。其成品效果颜色多样、外表美观，是其他包装材料所达不到的。特种纸广泛用于各种平面设计中，尤其是高档画册、书籍封面的设计，深受广大群众的喜爱。

特种纸的类型繁多，各类纸印刷设计的效果表现力也有很大的差异。图书设计者必须了解和掌握不同特种纸的特点和性能，才能更好地利用其优势，设计出或古朴典雅，或青春文艺，或现代时尚等各种风格的作品。

五、纸张的质感

纸张是书籍的肌肤，不同风格的书籍适合不同质感的纸张，相应会给读者不同的阅读体验。质感可分为两大类：一类是用手可触摸到的触觉质感；另一类是眼睛可见的视觉质感。

触觉质感是极为直接的，只要触摸它，就能感觉出来。每种纸存在着明显的触摸质感差异，艺术表现力各不相同。近年来，纸张等包装材料为了让人感知到其表面能带来的触觉乐趣，常使用种类繁多、质感不同的特种纸材料，如压纹纸、抄网纸等，令人目不暇接。

当然，如果纸张表面过于粗糙或过于平滑，都会影响其吸墨性。各类艺术纸对油墨的吸收性差距很大，如杯垫纸极易吸墨，莱妮纸较易吸墨，而透明纸则难以吸墨。所用艺术纸的吸墨性直接关系到印品的质量以及所需的交货时间。所以，为达到理想的装饰效果，选择合适的纸张印刷，做到具体问题具体分析。

纸张是平面的材料，可以通过图形让人感觉到材质的视觉质感，如条纹、花色底纹等都是利用了人们视觉质感而设计的。在最近的绘画、印刷设计中质感越来越受到重视。比如，相比在平滑的纸面上印刷，在粗糙的纸面上印刷出来的效果更具有质感，即使在具有微细凹凸效果的纸上印出来的小图案，也具有更好的视觉质感效果。

（一）封面常用类型纸

1.铜版纸

铜版纸，标准的叫法是涂布印刷纸，香港称它为粉纸（哑粉纸即无光铜，比铜版纸贵）。铜版纸表面强度高，平滑度高且光泽感强，白度较高，纸质纤维分布均匀，厚薄一致，伸缩性小，有较好的弹性和较强的抗水性和抗张性，对油墨的吸收与接收状态十分良好，所以广泛用于高级印刷品上。但铜版纸不耐折叠，一旦出现折痕，极难复原。根据其特殊制造性质，其主要用于印刷画册、高档书刊的封面和插图、彩色画面，也可用于印刷各种海报、样本、商品包装、商标等。

2.硫酸纸

硫酸纸也称牛油纸，呈半透明状，有多种色彩，质地紧密，光滑平整，能防水、防潮、防油、杀菌、消毒，但在印刷过程中对油墨的吸附和色彩的再现能力差。硫酸纸非常适用于各种折叠工艺及烫印加工；在纸上烫金、烫银或印刷专色、四色图文，显得别具特色，常用作书籍装帧的扉页或封面。如生活·读书·新知三联书店出版的《北欧，冰与火之地的寻真之旅》，该书封面便用硫酸纸给书籍设计增加了很多美感。在硫酸纸上印刷不同的图案，也可以透过下一页纸的图案制造空间关系。

3.书皮纸

书皮纸也叫书面纸、封面纸。色泽鲜艳美观，并具有相当的耐光性。纸质强韧牢固，耐磨、耐折、耐水。有单光、双光、条纹、无纹等多种类型，以便适应印刷各种不同封面的需要。高级的书皮纸用化学木浆等强韧原料制成，一般的则掺用部分草类和废纸等纸浆原料，抄造后经压光而成。书皮纸有A、B、C三个等级，A等供高级封面用，B、C用作一般的书刊封面。

4.金银卡纸

金银卡纸是利用UV转印技术在纸张表面涂上一层UV油，再通过滚筒将光柱膜或特订图案转移到印刷纸张上面，使纸张的表面产生光柱，有炫彩的效果。纸质坚挺，色泽艳丽，表面光滑、致密，对印刷油墨的渗透和吸收性能很差，印刷适应性较弱，但烫印、压凹凸、压花纹等工艺则效果显著。常用于高档书刊的封面。

5.抄网纸

抄网纸是在造纸过程中，湿纸张放在两张吸水软绒布之间，绒布的线条纹理印在纸张上而产生的一种特种纸。抄网纸的线条图案若隐若现、质感柔和，有些进口的抄网纸还含有棉质，质感更柔和天然，而且韧度十足。适宜用于包装印刷。

6.掺杂纸

为了达到自然再造的效果，纸浆被加入多种杂物后，形成各种环保型的掺杂纸。有的掺杂纸加有矿石、花瓣等杂质。其抄造时会在施胶过程中添加染料，使纸张形成雀斑或营造羊皮纸效果，能令简朴的印刷品版面活跃起来。这类纸张是制作各种证书、书籍封面、饭店菜谱及酒水单的首选。

7.压纹纸

大部分压纹纸是由胶版纸和白板纸压制而成。表面比较粗拙，有质感，表现力强。此类纸品种繁多，如布纹、斜布纹、直条纹、雅莲网、橘皮纹、直网纹、针网纹、蛋皮纹、麻袋纹、格子纹、皮革纹、头皮纹、夏布纹、齿轮条纹等。适用于美术作品的封面、扉页等，可以表达美术作品的不同个性。

白板纸伸缩性小，有韧性，折叠时不易断裂。主要用于书的里封等装订用料。

8.皮纹纸

皮纹纸是专门生产的一种封面装饰用纸，上面有纹路，表面凹凸不平，比较厚，有多种颜色，可以用来加厚封面。具有耐磨、防污、防潮、防蛀、耐折等特性。适用于烫金、烫银、压凹凸、热烙等加工，广泛应用于书籍、画册、证书的装帧等。

9.珠光花纹纸、金属花纹纸

这类纸张的色调可随着观看角度的变化而变化，它的光泽是由光线弥散折射到纸张表面而形成的。它不仅保持了高级纸张所固有的经典与美感，还独具创意地拥有珠光或金属色调，华贵而不俗气，稳重而不张扬，显现出一种迥异于一般特种纸的强烈气质，因此用以印刷具有金属特质的图案将会非常合适。这类纸张适合制作各类高档精美、富有现代气息的时尚印刷品，可用于高档图书的封面或精装书的书壳。

10.雅印纸

雅印纸，纸质松厚，纸面顺滑，表面有涂层，还原效果极佳，印刷图像饱满而又柔和、雅致，华丽而不张扬。适合医学技术图书、植物图书、百科图书内文和一般书籍封面。

（二）内文常用类型纸

1.胶版纸

胶版纸也称为"道林纸"，其伸缩性小，对油墨吸收均匀，平滑度好，质地紧密不透明，白度好，抗水性能强，具有较高适印性，能给印刷品保持较好的色质纯度。但表面光亮度不如铜版纸高，颜色稍暗，油墨不易干燥。

一般用于印制单色或多色的书刊封面、正文、插页，以及画报、地图、宣传画、彩色商标和各种包装品。

2.轻型纸、纯质纸

轻型纸也叫蒙肯纸，是轻型胶版纸的简称，为胶版纸的分支，纯质纸为接近100%植物纤维纸。轻型纸和纯质纸色彩温和，轻型纸为米色，纯质纸为奶油色。它们纸质轻柔，不透明度高，印刷适应性和印刷后原稿还原性好。质感好、质量轻，且有厚度，价格低廉，经济实用。用它印制的图书比用普通纸印制的图书重量约减轻四分之一到三分之一，方便了读者，也节约了运输和邮购费用。这类纸张不含荧光增白剂，环保舒适，可以保护读者，尤其是老年和儿童读者的眼睛。是市面上大多数图书的选择。

3.字典纸

字典纸是一种高级的薄型书刊用纸，也属于胶版纸的一类。纸薄且强韧耐折，纸面洁白细致，质地紧密平滑，几乎看不到纤维，稍微透明。吸湿性强，稍微受潮就会起皱。主要供印刷字典、词典、经典书籍等一类页码较多、使用率较高、便于携带的书籍，如《新华字典》。

4.新闻纸、凸版印刷纸

新闻纸又称白报纸，纸质较粗糙，抗水性能差，不宜书写，如保存时间过长，纸张会发黄变脆。主要用于报纸以及一些廉价的广告类印刷，也是期刊、课本、连环画等内文页用纸。

凸版印刷纸简称凸版纸，和新闻纸一样吸墨均匀、质地均匀、不起毛，略有弹性、不透明。凸版纸吸墨性虽不如新闻纸好，但有一定的机械强度，具有一定的抗水性及纸张的白度，对印刷具有较好的适应。这种纸张主要用来印刷书籍、杂志，大多数科技图书、学术刊物和大中专教材等内文页均为凸版纸。

5.毛边纸

毛边纸纸质薄而松软，呈淡黄色，吸墨性较好，没有抗水性能。只宜单面印刷，主要供古装书籍用。如江苏文艺出版社出版的《不裁》，该书在设计上采用毛边纸，边缘保留纸的原始质感，具有独特的艺术风格。

6.画报纸

画报纸质地细白、平滑。主要用于印刷画报、图册和宣传画等，如《人民画报》《民族画报》《解放军画报》《中国画报》等。

7.胶印书刊纸

胶印书刊纸纸面洁白平滑，组织较密实、细致，不透明度较高，适合双面印刷；耐水性和表面强度均较好，且拉伸强度尤其高。可用于印制书刊的正文。

纸张的类型很多，用对了纸张、用了好纸张，书是可以保值增值的，要是用错了，可能这本书的寿命就不长了。所以需要根据每本书的特点选择合适的纸张，同时，还需要根据特种纸的特点调整印刷及装订工艺，以达到特种纸印刷品需要表达的高品质效果。

六、印后加工技术

在印刷完成后，可以利用印刷技术的特种工艺为书籍增色。烫金（银、黑漆、彩金等）、UV 印刷、凹凸、印金银、特种布、覆膜、上光、压光、模切等工艺的选用，对书籍印品的最终质量和效果起着非常关键的作用。选用特种工艺印刷虽然不能改变印刷图文的色彩，却能极大地提高印品的艺术效果，增加书籍的精致度，增加收藏价值，增加视觉形态上的竞争力。选用特种工艺印刷，是帮助印品增值和促销的重要手段。

如以下几种常用的：

（一）无色UV

UV是ultraviolet（紫外线）的缩写，在印刷中属于一种特种油墨，也称为UV油墨。"过UV"的意思就是在印刷品的表面过一层UV油墨，印刷行业的标准术语称为"UV上光"。无色UV和局部过UV工艺一样，只是无需在印刷品上做相应

的图案套准，效果含蓄优雅，光感提升，凸显立体效果。如
《珠宝起源与文化》这本书的书名和图案经过无色UV工艺后，
颜色鲜艳亮丽，立体感强。

珠宝起源与文化

（二）凹凸

在印刷介质上用打凸机械挤压出凸凹效果，一般适用于
比较厚实的纸张或纸板，可以增加图像的三维度，增加印刷
品的手感和观感。《品梅：朱松发梅花百图》这本书凹凸印刷
的封面引入主题，凸显梅花的质感，整本书采用水墨的黑色
调贯穿，简洁，给人以舒适感。

《品梅：朱松发梅花百图》

（三）印金、文字烫金

印金和文字烫金是很常见的工艺，一般面积不大，重点装饰LOGO或者文字等，使其看上去更具质感、华丽高贵。如《云见·际遇》这本书，封面上的四个字便采用了蓝色烫金工艺。

《云见·际遇》

（四）切口烫金

烫金装饰图书表面可以提高产品的附加值。我国人民多数喜爱喜庆、金碧辉煌的感觉，在封面切口处烫金，以显其华贵。烫金后色彩鲜艳夺目，耐磨，起到画龙点睛、突出设计主题的作用。

《林徽因传：人生从来都靠自己成全》

（五）激光雕刻

激光雕刻是机械雕刻在印刷上的应用，设计师只要做一套套准位置的矢量文件就可以了，一般用在高档的包装木盒或厚纸板上，效果相当精致。如《姑苏繁华录——苏州桃花坞木版年画特展作品集》这本书，封面经过雕刻后，看上去更有层次，更显高档。

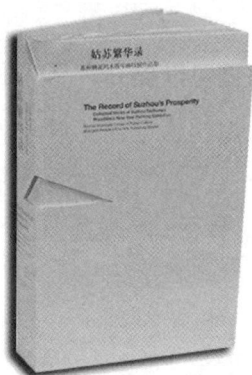

《姑苏繁华录——苏州桃花坞木版年画特展作品集》

七、装订样式的演变

装订样式，是指使用一定的材料和方法将书页连接成册所呈现的外观形态。我国书籍装订样式大致经历了简册装（周代）、卷轴装（汉代）、经折装（唐代）、旋风装（唐代）、蝴蝶装（宋代）、包背装（元代），最后发展成线装（明代）。现代书刊的装订样式一般有平装、精装、骑马订装、线装和散页装几类。

八、常见的装订样式

书籍具有阅读、保存和收藏等多种不同的价值，装订样式也可以辅助性地满足不同的需要，不同功用的书籍需要采用不同的装订样式。现在较常才用的装订样式一般有平装、精装、骑马订装、线装和散页装几类。现在图书使用得最为普遍的是平装和精装。

（一）平装

平装也称"简装"，其特点是用较牢固、厚实的软质纸制作的封面把书心包住，并使封面的书脊与书心的书背粘牢，构成一个整体（如图11-1所示）。平装可分为普通平装和勒口平装两种，普遍适用于各类书籍。

图11-1 平装样式

1.普通平装

普通平装的书籍，其封面的面封、底封部分与书心的纸页大小完全相同并且各边平齐，书脊部分形状方正。普通平装多用于书页相对较少，开本中、小型的书籍。

2.勒口平装

勒口平装与普通平装的差别，是封面带有勒口。勒口是指面封和底封在书口处延长并向里折叠的部分（前者为"前勒口"，后者为"后勒口"）。勒口平装可以使面封和底封显得平整、挺括，不易卷边，并且书口的牢度较高。勒口平装一般多用于书页相对较多的中型开本书籍。

（二）精装

精装的主要特点是封面的质地较硬、表面装帧讲究、耐用、不易磨损，并且封面略大于书信，相对于平装样式，更能保护书心（如图11-2所示）。

图11-2　精装样式

1.按书壳用料划分

按照书壳各个部分所用材料不同，精装可以分为全纸面精装、纸面布脊精装和全面料精装三种。

全面纸精装，其书壳全部都用硬质纸板和软质纸制作。

这种样式保护书心的作用较强，制作成本相对较低。

纸面布脊精装，其书壳的面封和底封都使用硬质纸板和软质纸制作，而书脊部分使用织物制作。这种样式保护书心的作用也较强，且书脊不易磨损，可有较大的弯曲弧度，但制作成本稍高。

全面料精装，其书壳全部都用硬质纸板作基材，以织物、人造革或皮革等作为面料，或者整个书壳都用聚氯乙烯软塑料制作。这种样式的考究与精致程度远胜上面两种，因此制作成本较高。

2.按书脊形状划分

按照书刊成品的书脊形状，精装可以分成圆脊精装和平脊精装（如图11-3所示）。

平脊
圆脊

图11-3　圆脊精装和平脊精装

圆脊精装，其书脊呈圆弧状凸起，而书口则呈圆弧形凹进，通常适用于较厚的书脊。

平脊精装，其书脊和书口均保持平坦状态，通常适用于不是很厚的书脊。

九、其他装订样式

（一）裸脊锁线装

裸脊锁线是一种精装样式，采用锁线胶粘将书帖订成册，封面不包裹书脊，令书脊裸露出订书所用的胶黏剂和装订线。裸书脊锁线装可以将书180°摊平在桌面上，既解放了双手，又不用担心书页脱落。设计感强，尤其适合图文类书籍，如摄影集、艺术类图书等，文中如有大幅跨页图片，呈现效果极佳。

《我喜欢生命本来的样子》

（二）手工线

手工线是手工用线将书装订起来，并且将订线露在外边的装订形式。这种装帧便于翻阅，不易破散，操作相对简单，所以当今依然具有很强的艺术魅力。

《红楼梦》

（三）经折装

经折装又叫梵夹装，是将一幅长卷向左、右反复折叠，形成一个长方形的折子，前后各加一张硬纸板或木板作为书皮的装帧方式。佛教经典多用此式，当下依然是书籍装帧的流行款式。经折装的折页方式是最实用的，信息之间不会相互干扰，很清晰，可以很方便地拉开折页，但制作费时费力。

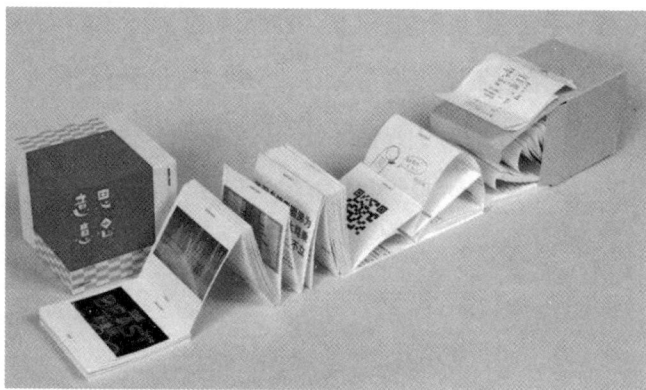

《意思意思》

十、其它表现形式

（一）异型裱装书、异型书芯

异形书是一种把书做成某种特殊形状的书，装帧形式独特，工艺复杂，趣味性十足，读者群体主要为儿童。

《人体先生和人体太太》

（二）立体书

立体书的制作比较繁琐，它通过精良的制作工艺，让书籍的呈现形式由平面转为立体，好看又好玩。此类书产量比较小，市场上常见的是儿童立体书。

《开心过大年》

（三）布书

布书是用棉布缝制的。棉布上既可以印刷文字、图案，又不像毛绒玩具那样会产生静电、沾染灰尘。这类书可以根据学习功能的需要，精心安排内容，和立体书一样，可以用作宝宝们的益智读物。

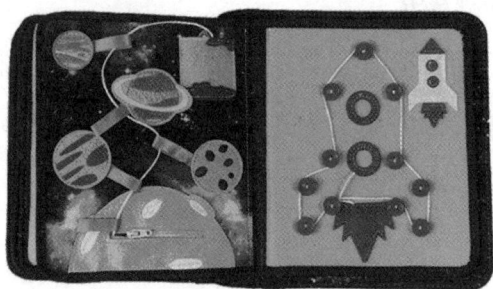

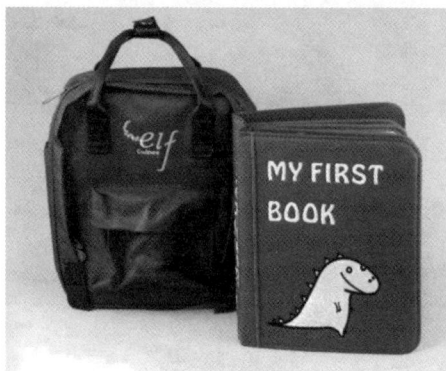

My First book（《我的第一本书》）

随着技术的进步和人们审美的变化，越来越多的装帧方式出现在大众视野，以上只是其中一小部分。再漂亮的版式，再特别的材质，再用心的装订方式，都要和书的内容相匹配，否则也就失去了意义。

而印刷费包含制版费、印刷费、装订费三部分。其中，制版费有排版工价和制版费用两部分组成；印刷费依印刷方式的不同而有着不同的计算项目与方法；装订费可分为正文、精装封面和零件三类费用分别计算。大部分作者出版图书最终是为了上架销售，取得盈利，所以必须充分考虑图书的成本和市场接受度。如果生产成本过高，不仅会导致无法维持再生产，而且定价也会随之升高，令读者不会轻易购买，最终影响图书的销售效益和市场推广。

第十二章　策划包装

　　图书的策划包装，顾名思义，就是指针对不同体裁、类型和市场定位的稿件，做成不同风格的图书，并且在后期的市场运作当中，针对不同的读者群体，制订不同的宣传方案。

　　我们这里强调的针对性，是一本书在出版过程中的一个关键点。毫不夸张地说，对读者群体的把握是否精准，可以直接决定一个作品的生死，也就是决定市场对于这部作品的接受度。

　　本章中所讨论的"策划包装"分为"策划"与"包装"两个部分，两者针对的对象有所不同。其中，策划主要针对图书，而包装针对图书和作者两个方面。

　　下面就图书策划包装中几个比较重要的环节，做一下详细的说明。

一、图书的策划和包装

图书的策划和包装是比较重要的环节，也可以说，它们存在于一本书从无到有的整个流程。一开始，我们制作选题表的时候，就是对图书的第一次策划。这张表格上会清清楚楚地标明本书的字数、体裁、内容简介和目标受众等一系列的信息。这些基本信息决定了这本书未来的命运。

稿件的选题表就相当于一个七八岁的孩子，我们从它的优点和特长中找寻可能性，然后做出一系列的努力，让它变得更出色。策划编辑在对稿件进行评估的时候，会根据市场同类书的销售情况进行预测，如果同类书的销量都不尽如人意，那么就说明市场对于这类书的反响并不好，这时候就要改变思路，从其他的切入点入手。打个比方，如果你写了一本文物考古与历史相结合的书，那么，假如将其策划成一本纯文物考古的书，它的销量必定不会太乐观，因为此类书籍给人的印象是专业性太强。但是，如果我们将它策划成为一本历史普及类的书，那么对于普通读者来说，对它的接受程度也会更大。

因此，可能想象到这第一次策划的重要性。

在制作选题策划表的时候，作者能够做的就是协助和配合策划编辑，提供有效的、优质的信息，使它更能打动出版人。比如，在写内容简介的时候，要多用点心思，把关键信息和有趣的点提炼出来，呈现在上面。当然，提炼信息并非夸大其词，作者始终要遵照作品本身的内涵去表达个人的想法。

在确定出版以后，就可以进行正常的出版流程了。在这个过程中，我们就要从排版、选纸、封面设计、宣传文案等方面来进行进一步的策划了。

首先，排版过程中的页数设置、纸张选用、开本大小等都属于策划和包装的一部分。关于这一部分，在之前的章节中已经有所说明，不再冗赘。唯一要说明的一点是，页数、选纸和开本不只决定了我们要呈现的书的美观程度，也决定了书的成本。我们一定要结合书的成本，来对页码、纸张、开本进行相应的协调，不要一味地追求华丽。就像有句话说的：最好的未必是最合适的。

比方说，一本小说或者一本经管类的书，普遍认为最适合它们的开本大小是小32开，因为便于携带和阅读，而你偏偏要求做成大16开的书，那么就会让整本书显得十分笨拙；或者，一本人物传记，最恰当的开本大小是大16开，而你却坚持做成小32开的书，那么就会让整本书看起来十分小气，会对人物形象的建立产生不好的影响。

在整个策划包装的过程中，封面和文案是重中之重，也是我们要重点介绍的内容。它们往往代表着一本书的门面，就像一个人的脸，给人的第一印象往往决定了他人对你的喜爱程度。怎样第一眼就勾住读者的心，是非常值得我们研究的问题。

产品都是用来卖的，为了让产品更畅销，就少不了产品宣传这一步。那么，写产品文案无疑就是我们在产品宣传中所必需的环节。而对于图书行业来说，图书文案则是图书产品宣传和销售最关键的一种工具。

　　这里说的图书文案，一般指的是封面文案。给一本书做封面的目的每个人都知道：一方面可以保护书的内页，另一方面就是为了让它变得更加吸引眼球，方便做进一步推广。

　　图书是精神层面的产物。那么，它就需要与时代、人心相呼应，能够使人产生共鸣。而能够把这种呼应和共鸣体现在封面上的，就是我们提到的封面文案。而撰写封面文案的目的则是为了让读者更快、更全面地了解产品。说得再直白一点，图书的封面文案其实就是其产品说明书。

　　以下提到的两个例子，可以清楚地说明面对不同的读者群体，在封面设计和文案上做的不同的策划方案。

《秒睡:幸福人生的睡眠秘诀》

封面文案：

你和幸福只差一个好梦

精神科医师　心理咨询师　双资质专家

专注睡眠领域12年

80%的睡眠问题其实是心理问题

随时秒睡　释放压力　满血复活

封面设计和文案分析：

这是一本提供专业睡眠方案的畅销书，由著名的心理咨询师、精神科医师刘毅君所著。

书上的文案"你和幸福只差一个好梦"，可以直观地告诉那些备受失眠困扰的读者，其实睡个好觉非常简单。这句文案既表达了失眠患者的诉求，又告诉了有失眠困扰的读者群体，这本书能够帮助他们完美地解决类似的困扰。

在封面设计方面，设计师也有独特的心思。首先说配图，之所以选择用一只猫，是因为猫给人的印象就是想睡就睡、随时都能睡着，十分形象地贴合了本书的主旨，让读者不再受失眠的困扰，轻轻松松睡个好觉。同时，腰封像一个被子一样盖在猫的身上，给人一种舒适、安逸、放松的感觉。

开本大小之所以采用32开，是为了便于携带和阅读，可以让读者随时都能拿起来翻两页。而且，这样的开本大小，也更贴合本书使人放松、轻松入眠的核心主旨。

《逆向盈利》

封面文案：

让数百万人通往财富自由之路！

注重商业模式　改变赚钱逻辑

8大盈利模式　36招赚钱策略

在商业生态巨变的时代必然诞生新的商业逻辑

抖音"周导聊商业"栏目主讲人

抖音全网1200万粉丝

封面设计和文案分析：

这本书是由有1200万粉丝的抖音"周导聊商业"主讲人周导创作的，是一本企业管理类的书。周导致力于帮助中小型企业寻找适合自己的商业模式，因此被圈内人称为"商界卧龙"。于此也不难看出，封面上的文案"让数百万人通往财富自由之路"绝非泛泛之谈，从而使读者了解到，本书的内容能够帮助大家寻找到适合自己的新的商业和盈利模式。

同时，封面配图之所以采用作者的人像，是因为作者粉丝众多，在线下活动中有一定的影响力，很多人对他的课程比较认同，对他本人也印象深刻，使得本书更加具有说服力。

封面文案不单单是简单的几句话，它是对一本书的系统性说明。从书名、副标题，再到封底和勒口文案，需要有一个循序渐进、互相补充的总括。它的终极目标是吸引读者，刺激读者消费。了解了这些，在撰写文案时就有了相应的方法和技巧，简单地说，针对不同图书类型，要有不同的套路。在进行封面设计的过程中，我们要根据书的类型、作者的身份、目标受众做出相应的改变和处理，既使书的整体性更完整，又使其在传递信息、突出特点等方面有一个质的提升。

有时候，我们会为如何写出亮眼的封面文案而发愁，其主要原因在于，我们并没有抓住产品自身的特点。实际上，只要一本书有其独特的地方，我们就一定能提炼出一到两句让人感兴趣的语句。

封面设计和文案类型一般有下面几种：

（一）经典图书

封面设计和文案要新奇、有创意。对于经典图书来说，读者本就清楚其文学地位，所以是属于自带流量的长销品。

因此，其文案不可太浮夸、用力过度，只需要做到有特点、有创意就好。其次，我们还要把"新版"这一概念表达清楚，比如"未删减本""增订本""全新修订本"等表述性词语。

《茶花女》

这本由中央编译出版社出版的《茶花女》，封面设计基本延续了经典图书所应有的沉稳、收敛但有内涵的风格，并未做太多浮夸的处理，封面文案也只是突出显示了"世界名著典藏""名家全译本""国际大师插图"等信息。

（二）新作新书

封面设计和文案要全面、有亮点。不管是新作者还是新书，封面文案都要尽量全面且风格鲜明地将图书内容展示

出来，让读者在几分钟内就能清楚地了解图书的核心内容是
什么，还要能够引起目标人群的共鸣，以此来勾起读者的购
买欲。

《世上所有的坚强，其实全靠硬抗》

这本《世上所有的坚强，其实全靠硬抗》，配图使用多种
动物层叠起来的形式，告诉读者"我们都在负重前行"的概
念，从而引起读者的共鸣。在字体设计和封面配色上，也采
用了当下最流行的白底红字的形式，它既符合心理励志类图
书的风格，又能激励读者勇敢面对挫折与不顺，告诉大家生
活充满希望和正能量。

（三）创意图书

封面设计和文案要天马行空，充满奇思妙想。图书本来就是充满创意的作品，说得再大一点，还可以称之为艺术品。所以创意类书籍，就没必要局限于传统的表现手法。

除了封面文案，编辑还要充分考虑文字和画面的融合，以此来使图书的整体呈现变得更加出色。所以在构思图书文案时，也需要具备一些设计思维。

《我是创想家》

这本《我是创想家》，它是儿童益智类的图书，鼓励儿童动手制作，激发儿童的动手和思维的能力。这不仅仅是一本故事书，阅读过程中需要有画笔、橡皮泥等多种辅助工具参与进来。同时，封面上的文案只有"冒险"两个字，这两个字既和字母A代表的英文单词adventure相呼应，又能对家长和孩子产生吸引力，勾起他们的好奇心。

对于一本书来说，其封面文案上的策划还包括名家推荐、名家作序等内容。所有能为图书增光添彩的信息，都属于图书策划包装的范畴。

《剑桥倚天屠龙史：2018修订珍藏版》

《剑桥倚天屠龙史：2018修订珍藏版》这本书由马伯庸、六神磊磊、王怜花倾情作序，由倪匡，史航、余世存、严锋、陈怅联袂推荐。所以，哪怕读者之前对本书作者一无所知，但是看到作序人和推荐人的名字时，也会对这本书产生一定的好奇，不禁想要继续了解更多。

　　当一本书出版之后，我们就要对图书进行后续的包装了。相信大多数人都会有所疑惑，书都出版了，还需要做什么工作呢？

　　这个问题就引出了在图书宣传和推广中我们需要做的一些策划和包装的工作了。比如，当我们将书放到网站上以后，需要通过编辑推荐和广告语等信息来体现图书的卖点，充分勾起读者的好奇心。其中最核心的是广告语，它是产品的门槛，能够决定人们对产品认知和了解的高度。还是拿《剑桥倚天屠龙史：2018修订珍藏版》这本书举例说明。网站上的广告语是：世上再无江湖，大师永留心中；重新解构金庸经典；马伯庸、六神磊磊、王怜花倾情作序，倪匡、史航、余世存、严锋、陈怅联袂推荐。那时正值金庸先生去世，于是第一句和第二句广告语也正好与此事相呼应，并勾起读者心中的武侠情怀。第三句广告语正是之前提到的封面文案，它恰如其分地对本作品的精彩程度和权威性进行了补充说明。

　　编辑推荐是对作品核心内容精彩程度的呈现和拔高，也是解释图书最大亮点的文字。知道这点以后，在写编辑推荐的时候，就可以更有针对性和目的性。我们仍然以《剑桥倚天屠龙史：2018修订珍藏版》这本书的编辑推荐作为补充说明，希望大家能有更直观的认识。

★畅销八年的新奇史学读本；

★2018年精装修订珍藏版；

★骨灰级金庸迷向金庸大师致敬作品；

★新版特别收录《剑桥天龙八部史》；

★新垣平博士"雅搞"金庸经典之作；

★近百家纸媒报道，数十家网站推荐，豆瓣评分8.4；

★用ZUI严肃的历史叙事笔调和史料知识，考证金庸武侠小说里ZUI荒诞不经的虚构情节；

★一部新奇、视角独特的历史书，它将历史与虚构的界限彻底打破，使得历史书写成为纯粹的文本游戏，阅读体验酣畅淋漓。

二、作者的包装

关于作者的包装，其实能够讲的并不多。但是我们仍然可以在细节上做一些工作，使得作者在人设上更加完善和出彩。

首先，在作者简介上我们能下的功夫很多。好多作者在写作者简介的时候往往一头雾水，不知道如何写。其实作者简介是读者了解作者和作者作品一个很有效的渠道。有些读者对作品最初的印象并不是太好，或者购买欲并不强，但是因为看了作者简介，了解了作者丰富的人生阅历，突然就对图书产生了好感，决定买一本来读读。

关于作者简介怎么写，其实也是要根据作品本身的类型来衡量的。如果是经管类图书的作者，就要将作者在商界获得的各种成就写清楚，这样会为作品增加信服力。如果是小说类图书的作者，就要写作者生活经历的丰富多彩以及思维的天马行空，这会让读者对作品有一种期待感，让他们觉得这样的作者一定能写出不一样的东西。

其次，像之前提到的名家推荐和名家作序，也算是对作者包装的一种方式。作家推荐的虽然是作品，但是如果作者本人没有公信力和高水平的写作能力，又如何能得到名家的青睐呢？像这种以老带新的方式，是很多出版社实行的包装方式。其主要原因，是目前图书行业的大环境决定了新作者的生存环境不够乐观。所以有了名家提携，也便于作者的进一步发展。

再次，增加曝光率。比如一本写汉代历史的作者，他可以在抖音、知乎、微博等平台上开设个人号，讲述汉代历史，以此来使自己被更多人知道。这样既有利于作者在作品之外得到额外收入，又能通过平台的流量来推广自己的作品。这样也能起到相辅相成、相互成就的作用。

最后是举办各种与图书相关的活动，比如新书发布会、签售会、读书会等，然后撰写新闻稿，发在各大新闻网站或者微信公众号、微博上。这样既能提升作者的知名度，又能在后续的宣传上做一些后续的工作。

关于作者的包装，总结为一点，就是通过各种方式和渠道把作者介绍出去，让更多人看到；不仅要让更多人看到，还要让他们看到作者优秀的一面，要让作者的形象和作品挂上钩，从而让大家对其作品感兴趣到不买不行的地步。

至此，相信大家对策划包装有了一定的了解。归根结底，策划包装的目的，主要是对图书和作者有一个前瞻性的预测，然后针对性地做一些有导向性的文案，从而使两者的定位更明确，使读者群体更细化，使两者的价值得到更大的提升。

第十三章　图书发行与营销

发行指的是图书的批发与零售，在出版环节中属于后期工作，并且至关重要。对渠道的熟悉度和占有量，直接决定了发行工作的顺利程度和图书的销售结果。

一、图书发行的渠道

（一）主渠道

图书发行，离不开新华书店等系统主渠道，它们的网点已经延伸到了地县级，其覆盖范围能力可以说是无人能及。

就拿西单图书大厦来说，它是全国规模最大的一个新华书店，想要知道一本书在全国市场的状况，完全可以看其在这里的销量。

（二）二渠道

二渠道，其实就是对民营渠道的一种称呼，它们通常指各地的图书批发市场和民营书店，虽然与主渠道的恢弘气势没法相比，但在图书发行渠道中依旧是不可忽视的一部分。

它最大的优势就是经营方式比较灵活，对市场反应迅速，可以说占据了图书市场的半壁江山。

（三）网络书店

近年来，互联网发展迅速，加快了网络销售势头强劲的出现，一些网络书店如京东、当当、亚马逊等应运而生。

很明显，与传统图书发行渠道相比，网络书店有着遥遥领先的传播优势，也正是因为如此，传统图书发行渠道受到网络书店的强力冲击。不过，传统书店也在嗅到危机后及时建立了自己的网络书店。

（四）团购直销

团购直销并不属于传统的主流发行方式，但是万物各有所长，对于特定的图书还是有明显的效果的。就比如有很多培训类的图书，它们针对的群体并不是大众读者，而是有特定的读者群，那么这时候采用这种发行方式是最合适的。

有很多公司培训员工时，都会购入一些励志类的图书，这就使得很多励志类图书因为大量的团购而进入畅销书排行榜。

（五）馆配

图书馆馆配也是一个很特别的渠道，这种发行方式主要用于下发发行量不是太大的图书。

另外，有些图书通过培训机构或其他一些组织发行，如考研培训教程、幼儿园培训教程、外语培训教程等，往往会通过讲座或研讨会的形式进行推广销售。

二、图书发行范围和周期

发行图书的最终目的是更大限度地增加书的曝光率，让更多人看到这本书，得到广大读者的认可，让书有机会变得畅销。所以发行范围广是书籍获得良好销售机会的前提。

图书发行的范围越广，发行数量也相对增多，可以遍及大小城市，会给宣传工作打下很好的基础。但对于新人而言，增加发行量意味着成本和风险的大幅增加，所以有经验和责任心的单位，一般会根据作品的类型进行分类，从而定点投放上架，保证做到既不增加印数和风险，又让作品最大限度地精准投放给有效读者。

发行周期一般会经历四个周期：

（一）试销期

试销期也是图书销售的黄金期。如果图书在刚刚进入市场时能够做足宣传，会有很大机会出现在各平台排行榜上，增加曝光率，让图书有机会获得更大的销售机会。一旦前期销量客观，后续会更加容易发力。反之，如果前期没有做好工作，销量不济，之后图书就很难有销售空间，特别是文学类作品。

（二）畅销期

当图书销售业绩可观并得到部分读者群体评论的影响时，便是在市场上抢占一席之地的最佳时机。此时顺势做好营销运营工作，便很容易进入下一个销售高点。

（三）饱和期

当有需求读者的购买达到了一个固定数值时，就会由畅销期进入流转减慢期，此时销售量会减缓增长，甚至开始下降。

（四）衰退期

这个时期，读者购买量减少，销路处于一种停滞状态。如果你的书有着不错的内容质量，那么情况可能会比较乐观；如果你的书内容质量不是很高，那么很可能被市场无情淘汰。

以上这四个周期与时间长短无关，像余华的《活着》，已经畅销很多年，仍风头不减。

三、营销宣传

营销宣传工作与发行关系紧密。如果不是名家出的书，书在上市的时候几乎不会被人知道。所以，在发行初期，需要用一定的营销宣传手段，尽可能将书推广出去，一方面是为了获得更高的销量，一方面是帮助作者提升知名度。

营销宣传的关键在于有效性，优秀的营销宣传并不是拿钱硬砸换取效果，而是用最少的人力财力，实现利益最大化。

当下主要的营销宣传形式大致可以分为三种，即硬广、软广（如书评、软文、软视频等）和推广活动（包括线上及线下各种活动）。

（一）硬广

硬广，即硬广告，是指直接介绍商品、服务内容的传统形式的广告。可用于图书宣传的硬广形式有报刊广告、广播广告、电视广告、网络广告、宣传海报、路牌广告等。不过，由于当下网络平台日益发展，且各类广告费用日益攀升。鉴于图书作为精神类商品的产品特性，选择硬广的形式营销宣传图书成本相对较高。因此硬广如今已经不被作为营销宣传图书时的主要宣传方式，通常只是作为一种辅助的宣传手段。目前常见的图书广告多为布置在书店内外的海报和展架，或是在店堂内循环播放一些新书的广告录像或图片，这样可以有效地吸引书店内外对图书感兴趣的人进行购买。

相比于在电视、广播、路面这类覆盖人群广、受众针对性不强的广告平台进行高成本、低收益的硬广投放，图书更多会选择微博、微信朋友圈、当当网、抖音等受众针对性强的平台进行硬广推广。在新媒体平台投放硬广的好处是，前期可以提供相应的数据，帮助将图书精准投放给相应人群，尽可能让投放效果最大化；后期可以反馈相应数据，从而帮助广告投放者分析市场，为日后的投放总结经验。

（二）软广

软广，即软广告，这类广告并不直接介绍商品，而是通过在报纸、杂志、网络、电视节目、电影等宣传平台上插入有主观倾向性的文章、画面、短篇。适用于图书宣传的软广形式有发布书评、软文、软视频、讲书，借助名人或话题力量，建立个人IP从而带货等。

1.书评、软文、软视频、讲书

（1）书评

书评属于近代图书评介的一种形式。如今有很多人依靠书评来决定自己是否要阅读购买一部作品。所以，如果一篇书评写得很有吸引力，或者是由有一定影响力的书评人所写，那么会为这本书在读者心里赢得一个好印象，从而令读者阅读购买，以达到推广的目的。

比如大冰，成名前和大多数人一样，毕业后就在老家做着主持人的工作，直到他出版了《乖，摸摸头》这本书之后，从此拥有了新的身份标签"畅销书作家"，这个标签不仅给他带来了更高的知名度，更让他从此一路开挂，开演唱会，开签售会，从此走向人生巅峰。而这本书之所以能够畅销，原因主要有三点：一是作者自身的定位非常精准，就是一个喜欢云南西藏的文艺青年；二是书的内容吸引人，令人向往，能够引起读者的共鸣；三是读者良好的口碑。这时，读者对书的评价就起到了至关重要的作用。豆瓣上关于《乖，摸摸头》的书评有4.7万多条，在这其中，比较热门的评论，也就是最容易被其他人看到的评论，对于那些有购买欲望的读者来说，就能够起到推波助澜的作用。

乖，摸摸头

作者: 大冰
出版社: 湖南文艺出版社
出品方: 博集天卷
出版年: 2014-9-1
页数: 336
定价: 36.00元
装帧: 平装
丛书: 大冰作品
ISBN: 9787540468798

豆瓣评分
7.3 ★★★★☆
47439人评价

5星 27.0%
4星 35.7%
3星 25.2%
2星 6.9%
1星 5.2%

以梦为马，仗剑天涯。

凤凰花开 评论 乖，摸摸头 ★★★★☆ 2014-10-29 23:40:39

有人的地方就有江湖，有江湖的地方必是天涯，我们就是天涯侠客，以梦为马、用自己的方式书为生命妙笔生花、锦上添花。在生活这个大染缸里，我们都被染上了不一样的色彩，红的、黄的、绿的、紫的，各具姿态、别有风情。如果你孤独着，如果你厌烦着，请相信，这世界上真的有人在过着你想要的生活。大冰说："愿你我带着最微薄的行李和最丰盛的自己在时间流浪"。亲爱的，如果你准备好了，就出发吧！请记得，有梦为马，仗剑天涯。

这本《乖，摸摸头》书名挺特别，这是一本故事书，里面是12个传奇故事，而故事的主演，就是作者大冰多年来行走江湖结交的朋友。从作者简历中可以看出，大冰多才多艺，能文能武，作家、主持人、民谣歌手、酒吧掌柜、老背包客等。从这么多的身份就能看出，作者个人经历丰富、江湖经验丰富，那么他那些朋友的故事一定也很特别、很传奇。

这本书读起来很轻松，大冰就是讲故事的那个人，读者就是听众。白白的灯光下，看着这本小书，思绪跟着那些故事上蹿下跳，别有一番趣味。杂草敏和作者的兄妹之情，读来令人动容，不是兄妹，胜似兄妹；老兵的部队生涯，让给他个人增添了一抹神奇色彩----参加过战争、经历过生死，这是一个有故事的老兵，所以说，我有一碗酒，可以慰风尘，而在《唱歌的人不许掉眼泪》，阿明的那种与命运抗争、坚持自己的歌唱梦想的精神也会让人心生感动，我们的命运真是掌握在自己的手中的。那些高唱《海阔天空》的风马少年，他们的勇气和执着，也会让我们有重走青春的冲动。

那么，书评一般会发在哪里呢？现在比较流行的几种书评发布平台有主流媒体相关平台、豆瓣、微博、微信公众号、知乎等。

就目前而言，主流媒体相关平台仍然是宣传平台中比较流行的一种，如报刊、门户网站、旗下新媒体号等。主流媒体相对严肃正统，并不是所有信息都会轻易发布，所以很多人认为一旦权威媒体推荐了一本书，这本书一定备受认可，因此便会去购买。不过，正如前面所说的，这类平台并不是所有信息都会轻易发布，书评一定要有质量保障。

（2）软文

软文是目前很流行的宣传推广手段之一。软文润物无声，引导于无形之中。表面上，它可能是各种类型的文章，很能吸引你的注意，引起你的兴趣；实际上，这篇文章的目的是为了向你推荐某一款产品。

软文目前被广泛使用于各种网络平台，如微博、微信公

众号、豆瓣、知乎、今日头条等。其中，微信公众号最值得
一提。

　　在微信公众号上，"精选评论"功能让信息的发布者可以
自由地挑选评论，只显示对自己的文章有利的评论，从而控

制舆论的走向，这个功能被很多有宣传需要的人所喜爱。

而且微信公众号的优点在于，它的用户更专一、质量更高，而关注某一公众号的那些用户，他们的目的性更纯粹，对事物的喜好比较一致。因此更加便于推广商品。

（3）软视频

软视频与软文相仿，只不过是依靠视频的形式达到相应的产品宣传推广目的。随着各类短视频App的火爆，它也成了当下一种很流行的推广手段。微博、抖音、快手等平台都可以发布这类软视频，而且还可以直接将产品链接附在其中，好让感兴趣的人直接购买。这为商品的推广提供了一个十分快捷、便利的渠道。

（4）讲书

在快节奏的当下社会，像喜马拉雅、蜻蜓FM、得到、樊登读书等一众平台开始走进人们的生活，不少人没有充足的时间去细细挑选书籍，便开始利用这些平台上达人的介绍与推荐，作为选书的依据。人们在听讲书的过程中，一旦听到书中含有自己感兴趣的内容，便有可能产生购买来阅读的欲望。

目前，采用讲书形式作为推广形式的人还不多，因为讲书对图书内容质量的要求相对较高。如果一本书中缺乏亮点，那么，一来讲书的人讲起来困难，二来人们听后也不会产生购买回来仔细品味阅读的欲望。

2.借助名人或话题力量

利用名人或话题力量，借助名人效应、话题炒作等方式进行宣传推广的方法并不适用于所有图书，需要讲求"天时地利人和"。不过，在这里也列举出来供大家借鉴参考。

众所周知，明星的流量很大，一本书若是经过明星的"加持"，特意或是不经意地宣传一下，便很有可能销量大增，瞬间火爆起来。

如《剑桥倚天屠龙史：2018年修订珍藏版》，该书发行后被知名公众号博主六神磊磊所认可，并在自己的公众号"六神磊磊读金庸"上发表了一篇专门介绍这本书的文章。当天，这本书的销量即呈直线性飙升。

除了线上的宣传之外，线下意外的宣传有时也很重要。

比如说，之前胡歌在一次签名会上，他的粉丝拿出一本书，叫做《当时忍住就好了》让其为他签名，胡歌不但签了名，还在扉页写下一句"说得太对了"。当天，这本书的销量就超过了3000本，并持续火爆了近一个月。

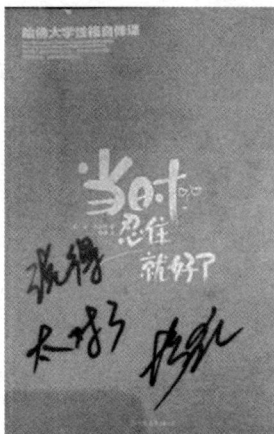

再比如，《孤独是种大自在》是林清玄先生的一本散文集，但其散文集版本繁多，竞争压力大。但其中有一版本的是被当时一位"偶像练习生"成员无意间在机场书店购得，并在候机翻阅时被记者拍到发了微博。仅一晚，这本书的销量就超过了1000本，并且在一周内持续保持着每天1000本左右的销量。

3.建立个人IP

建立个人IP的形式，是一种作品和作者相互成就的方式。很多作者初出茅庐，没钱没背景，但是拥有着才华、梦想和一腔热血。这种时候，如果作者有意愿，那么可以在网络平台上建立自己的个人IP，在积攒人气的同时宣传自己的产品。

一位女作者，计划出版一本名叫《规划力》的励志类书籍，图书公司认为其出版内容适合在抖音上发布，加上作者本身气质姣好，便协助她在抖音上开设了个人抖音号"规划姐"，专门为不懂规划、迷茫的人提供生活、工作和恋爱等方面上的指导和咨询服务，并在不到三个月的时间积累了近10万粉丝，阅读量累计超过8000万。如此一来，她可以将自己的书挂在她的每一条视频中，实现矩阵宣传。

如今适合建立个人IP的网络平台有很多，除了抖音之外，还有微博、微信公众号、知乎、豆瓣、快手、今日头条等，每一个平台都有属于自己的特色，要根据自己的特点进行相应选择。当然，如果内容合适或精力允许，你也可以同时再多个平台尝试打造自己的个人IP。

不过，采用这种方式，至少要在新书上架前2个月就开始着手准备完整的推广计划。像之前规划姐，在新书还在审核期间便开始做抖音，提前预备，通过书和抖音号之间的相互转化，将"规划姐"这个IP炒作起来之后，不仅是书籍本身的销售，还有机会通过开展线上线下课程实现收益。

另外，除了在个人平台发布特定内容之外，直播也是一种非常有效的方式。直播的形式可以为作者与读者营造一种面对面沟通的感觉，一方面可以让读者更加直观、快速地了解你这个人，另一方面可以让作者尽快了解读者们的需求，从而发布更符合他们胃口的内容。这样有助于积攒粉丝。通过直播还可以发展社群，在互动中增加与粉丝的粘度，让他们成为你的铁杆簇拥者，有助于后期营销推广产品等。

建立个人IP并不一定能保证让你大红大紫，但却多少能为你积攒一定的人气，有总比没有好。新媒体的发展日新月异，及时抓住机会，才能从中分得一杯羹。

（三）推广活动

线下活动是营销推广的重要环节，其最终呈现效果对整个营销方案的最终实际效果起着决定性的作用。随着新媒体的发展，推广活动已不仅仅局限于新书发布会、读书签售会、讲座等传统的线下活动，这类线下活动也往往会结合新媒体开展新玩法，如新媒体直播等，如此一来，可以得到双倍或多倍效果。以下仅简单列举一些常见的宣传方式以供参考。

1.新书预售

新书预售指的是，在新书出版前，由出版社向读者预告出版信息，供各书店或读者预定新书，或在众筹网上通过各种活动进行预售，让书籍提前进入大众视野。有些出版公司或者出版社，也会耗资印制一些相当漂亮的单页或者精致的宣传单，以此来吸引目标读者的注意力。

在一些传统的媒体渠道和购物平台上，都可以看到新书预售的信息，比如各大新闻客户端，还有当当、京东等图书页面的新书预售版块。预售活动前，一般有提供作者签名版图书、附赠品版图书，开展线下讲座、交流会等活动。至于预售信息具体投放在哪里，则需要根据目标读者和主要销售渠道的不同而进行选择。如果图书主要在网站上销售，那么就适合投放在网站的图书销售页面上；如果图书主要是在活动现场作为附加产品进行发售，那么就适合在活动现场投放预售的信息。

2.陈列宣传

陈列宣传是书店宣传推广图书的一种重要的方式，也是人们最常能见到的一种图书推广形式。在线下书店中，人们每次进到一家书店，一定会在最显眼的地方发现店内精心布置的推荐图书展区，如橱窗、书架书台等，这些可以吸人眼球，起到先入为主作用，让顾客一眼看到最新上市或是最近热卖的新书，进而促使其消费。

在当当网、京东、淘宝店铺等平台投放图书的相关的宣传信息，也算是一种线上的陈列宣传方式。

3.新书发布会、签售会、分享会、讲座

很多人都见过新书发布会，其相对正式，需要做相对充分全面的准备。首先，需要选定一个合适的地点。选择书店会更加符合整体氛围，选择商场则可以帮助拉动人气。其次，得有主持人和分享读后感的嘉宾，主持人可以是书店人员，也可以是专业的主持人。在嘉宾的选择上，并没有什么硬性要求，可以是作家或书评人，也可以是读者或朋友，也可以不邀请嘉宾。再次，需要事先准备好与书相关的问答以及作者的一些感受和总结等，方便在整个过程中让观众对书籍有大体了解。同时，在现场准备一些图书也是必不可少的，既可以让读者更加直观地了解图书，也可以现场进行售卖。一般发布会结束后，也常会设有签名售书的环节。

签售会和分享会等是把对这本书有所了解、感兴趣的人聚集起来，以交流心得的形式，让读者有机会了解更深层次的内容以及书中未提及的趣事。这样可以让作者与读者进行真诚的交流，帮助作者积攒人气。

讲座相对于发布会、签售会、分享会而言，在内容方面的要求会更加专业，一般形式是针对图书的相关内容，向读者进行某个领域的专门解说。如《秒睡》的作者刘毅君，曾在奇虎360总部举办关于睡眠放松的个人讲座，同时在花椒直播上进行同步直播，而这场活动当天带来的销量是前一周的销量总和。

3.新媒体相关推广活动

新媒体已逐渐成为现在年轻人最主要的工作和娱乐的渠道，许多商家也在这个领域找到了自己的生财之道。而作为一种迅速发展起来的新型营销宣传形式，它同样能起到有效的作用。

微博、抖音和微信公众号流量很大，几乎成为网民的三大聚集地。

微博的年轻人比较多，现在微博上有很多专门做图书推荐的微博大号，这些博主的粉丝量少则几十万，多则几百万甚至上千万。当然，也可以找和图书内容领域相关的博主。粉丝量只是衡量宣传推广效果的其中一个因素，我们要把博主每条微博的平均转发量作为最主要的参考标准。如果转发量、点赞数多，那就说明这个微博号的流量大。

通过微博大V宣传图书主要的方式是，赠书转发活动。也就是说，转发某一条微博并信息通知（@）几位好友，就可以拥有抽奖机会，有可能获得赠书。一般每条微博只赠几本书。这类活动的主要目的是为了让更多人看到关于此书的相关信息并转发，从而起到指数推广作用。寻找相关博主的时候，博主们大多都有自己的收费标准，合作谈好之后，大概和他们交代一下发微博的时间、赠书的数量就可以了。

说到利用新媒体进行的推广活动，直播带货可谓不得不提。

近几年，随着手机直播功能的兴起，以及李佳琦、薇娅两位直播带货头部主播的火爆，直播带货成了营销宣传过程中的一种重要手段。商家可以利用直播技术进行商品线上展示、咨询答疑、导购销售等服务，互动性强、亲和力高，能够足不出户、相对低成本地向人们推荐自己的产品，从而促使购买。很多偏远村庄的村民更是利用直播带货形式成功脱贫。

直播带书是目前一定要选择尝试的一种营销推广方式。可以选择的直播带货平台有微博、抖音、快手等社交平台，以及京东、淘宝、当当等网络商城平台。作者可以选择在个人账号上自己直播带货，也可以和合作的出版单位进行合作带货，还可以寻找其他有经验、有影响力的人士帮忙带货。直播带货的方式有很多种，要根据实际情况进行挑选。

以上列举的只是一些比较常见的营销宣传方法，一个好的宣传方案，需要以多种手段相结合的方式，具体问题具体分析，争取以最低的成本获取最大的收益。利用在图书刚上市的时候，假如能够通过有效的营销宣传手段，让销量排在新书榜的榜单上，对今后的销售也是有很大帮助的。

　　总而言之，努力不一定有结果，但不努力一定没有结果。只有让书出版并走向市场了，才有可能出现意想不到的机遇。

第十四章　买榜，真的能让一本书畅销吗？

如果想用最简单有效的方法把一本书运作成功，那就是买榜。虽然买榜行为被媒体口诛笔伐，国家新闻出版广电总局也深恶痛绝，却也屡禁不止，侧面证明这种方法确实有效。

一、买榜的前世今生

我国最早所谓的榜单，可能是东汉末年的"月旦评"。每逢初一，汝南许劭兄弟都会对当代人物或文章书画做点评排序，无论是谁，一旦上榜，立即身价百倍，为世人追捧。这可能就是最早的榜单雏形。

榜单有如此大的影响力，必然就会有人为上榜绞尽脑汁，但是"买榜"这个词出现之前，另一个词出现的频率更高，那就是"打榜"。

"打榜"最早是一个营销词汇，出现在音乐圈。唱片公司的某个唱片在刚推出阶段，会选择在各大网站、媒体频道、粉丝社群进行人气营销，让歌曲快速进入排行榜领先位置。

通过这种特定的营销手法让歌手拥有超高人气，从而获得巨大的利益。

于是便有唱片公司动起了歪脑筋：与其花精力营销打榜，不如直接花钱买排名，反正最终目的都是为了站上排行榜。毕竟，相对于花重金去打广告、去包装营销，买榜的成本实在是太低太低了，既有曝光度又有销售额，何乐而不为？于是买榜成为行业内公开的秘密，各大公司纷纷买榜，营造出一片虚假繁荣的景象来捧红自己的艺人。

在此大势之下，图书圈怎么可能独善其身！

二、哪些公司在买榜

国内只有两类公司可以经营图书，一类是国有性质的出版社，一类是具有出版物经营许可证的民营图书公司。在民营公司进入出版业之前，国有出版社出版图书主要考虑社会效益，没有买榜的必要，所以鲜有买榜事件发生。

20世纪80年代中期，民营公司大规模进入大众出版领域，相对于国有出版社握有大量优质作品资源，民营公司明显处于劣势，为了经济效益，只能在销售上做文章，于是买榜诞生了。特别是当当网、亚马逊中国、京东等网站渠道推出榜单之后，买榜的行为就变得更加严重，几乎成了图书公司常规销售手段。

如果买榜已经成为一种常态，国有出版社会参与买榜吗？笔者想，出版社为了"公平竞争"，肯定也想过买榜，但是由于国有企业严苛的财务制度，想买榜还真的不太现实。不过据笔者了解，一些运作灵活的出版社通过控股或参股民营图书公司，参与到买榜活动中。

三、买榜最有效的渠道

在没有网店渠道之前，出版商主要购买新华书店渠道榜单。重点城市重点书店的榜单（如北京王府井新华书店、北京图书大厦销售榜单），是其他渠道销售商进货的参照，最终成为各大出版商角逐的对象。

网店渠道兴起之后，特别是读者主要通过网络获取信息之后，网店销售榜就变得特别重要，各出版商买榜的重点也转移到网上。网站新书榜是买榜的重中之中，相对于位列总榜的图书，新书榜图书销量相对较小，买榜也相对容易。各大出版商在新书上市一个月内，根据图书的等级，决定买多少，买到什么排名。一个业务熟练的发行员能准确地判断购买的时机、购买的数量，以及和渠道商协商图书的权重。

四、买榜的手法

买榜的主要目的是为站上榜单和留下评论，那么买榜具体是怎样操作的呢？

（一）自己买

很多出版商手上有上万个电商平台的账户，他们换着账户登录并购买图书。每个账户购买几本，形成真实的交易流水。这种购买方式的优点是评论相对真实，能把想让读者看到的评论留在评论区；缺点是需要大量的人手，费时费力。

（二）内部操作

这是个偷懒且高效的方法，和渠道商协商好，直接把买榜的钱打给电商平台，比如一本书要买1000本才能冲到周榜单的第一名，出版方直接把1000本的买书款汇给电商平台，排名直接通过后台调到第一。优点是简单快捷，缺点是不能留下评论。

（三）中介结构

由于买榜已经变成常态，需求巨大，于是就出现了专门买榜的中介结构，他们开发出买榜软件，专门用于买榜。这种买榜的方式比自己买省时省力，相对内部操作又能在评论区留下评论，由此受到出版商的欢迎。不过它的缺点是评论时段过于集中，如果某本图书的评论区显示在很连贯的时间段内有大量的评论，就是通过这种方式买榜得来的。

（四）没有购买也可以评论

买榜光刷销量数据是单薄的，一定要刷评论。重点书买榜之后，每个平台账号都要打五星并且晒图写评论，写些图书如何好之类的夸赞之词，引导不知实情的读者来购买，从众心理使得消费者很吃这一套。不过很多人不知道，图书评论区可以自由留言，没有购买图书也可以留言，很多出版商为了造成评论数多的假象，就不停地刷评论数。

五、会参与到买榜的书

买榜是出版商在一段时间内连续购买同一本书，用这样的方法虚增销量，让图书进入畅销排行榜，以达成引导读者购买图书的目的。有人要说了，我们要抵制这样弄虚作假的行为，其实不用谈虎色变，因为很多图书连买榜的资格都没有。

到底什么样的书才买榜？

其实出版商对图书是有分级的。D级及以下图书根本不买榜；B、C级图书，预计销量不会特别高，前期买个几百本的榜就不买了，能不能火听天由命；如果是A级图书，便是具有超级畅销书潜质的书，出版商会不惜成本，成千上万本地买榜，直到书被彻底引爆。我们知道一家出版商单本书的购买数量能到10万册。

由于各大书商都买榜，所以榜单又变得相对公平，从某个层面上来说，能进入买榜序列的图书还真不是普通的图书。如果出版商愿意花大价钱、大气力为你的图书买榜，那么恭喜你，你离爆火不远了！

当然了，买榜也不绝对是针对超级畅销书，也存在以下三个情况：

a.书籍刚刚出版时，出版机构需要在非常短的时间内让读者看到这本书；

b.内容质量并不上乘的图书，很难通过图书内容本身和读者口碑形成良好传播；

c.很多出版机构，拿不到昂贵的电商资源位置，买榜是一个性价比超高的突破口。

六、买榜是否合算

有些人很好奇，买榜真有效果吗？自己掏钱买榜，全赔进去怎么办？毕竟买个几千册的书，也不少钱呢！

实际情况是这样的，图书在网上销售时，一般折扣是69折左右，实际操作买榜时，出版商会通过促销手段调低销售价格。比如一本书定价45元，实际售价可能是25元。销售利润电商要抽走10块钱左右，出版商剩下15元左右的毛利，扣除作者版税以及出版、印制等各项成本，出版商一本书能挣7块钱纯利。

利益分成搞清楚了，假设开始买榜。新书的热销期一般就3个月，如果一本书3个月还没畅销，再畅销的可能性就很小。首战即决战，头3个月就是决定生死的时刻。

出版商以25元的价格回购，一天购买100本，花费2500元，连续购买20天，总共花费5万元左右。这20天的连续买榜，会将图书的排名冲到新书排行榜的前三名。于是，买榜的功能便显现出来了。不知情的读者对此是很买账的，看到新书热销，他们会跟风购买。前面我们说过了，一本书电商平台赚取10块钱左右，2000本图书实际买榜成本是2万元。出版商的一本书的纯利润在7块钱左右，出版商只需再卖掉3000册左右，就可以把买榜的成本收回来。

事实上，排名前三的图书潜力不至于此，如果图书本身品质不错，销量很容易就可以破万，甚至更高。不久，出版机构便能收回成本，真正开始赚钱。更值得一提的是，电商平台的榜单数据是实体书店进货的重要参考指标，看到电商平台热销，实体书店会开始疯狂采购，一本畅销书就在买榜运作下诞生了。

七、总局出手了

国家新闻出版广电总局曾就"买榜"和"书托"问题对当当、亚马逊中国和京东三家主要网上书店进行调查，问责三大网站，勒令对买榜造假行为进行封杀。

现如今，买榜现象依然存在，但没有之前那么明目张胆了。以前可以不限账号、不限地址、不限册数，现在，如果用一个账号多次买同一本书，或者用多个账号购买而所填地址和收件人为同一个，电商平台就会认定你在买榜，这些书的销售数据也将不计入排行榜。

八、买榜是否是一种不道德的行为

图书出版行业说到底还是一个传统行业。对于图书出版商，普通读者很难接触到。新书一推出，没有有效的平台推送给读者，读者根本就不知道出版方要在什么时候出什么书，所以买榜还是有必要的，这是读者重要的资讯获取来源。

依笔者看来，买榜只是手段，道德与否应取决于操作买榜的人如何做书。

对于爱看书的人，如果我们能把优质图书推送到他面前，这是积极而有意义的。但是，现在的图书市场却充斥着大量的注水书、跟风书，内容东拼西凑，却在书名、宣传语和装帧上做足功夫，以此欺骗读者，也正是专门做这些烂书的出版商成为了买榜歪风的罪魁祸首。

买榜的理想状态应该是将有价值的作品呈现给读者，而不是让踏踏实实做出来的优质内容被淹没。出版业本身就是一个需要沉下心来做的行当，不能让烂书买榜的现状一直存在，从而打消一部分具有情怀和理想的出版人的积极性。

第十五章　图书变现新模式

互联网思维的出现，使我们对出版行业有了新的认知，对图书与互联网的融合有了新的思考，对图书变现的模式有了更全面的看法。很多作者普遍认为，只有通过纸质书出版的方式才能实现图书变现。其实这是一个很大的误区。图书版权变现的渠道有很多，纸质书出版确实是最重要、最基本的一种方式，但绝不是唯一的方式。那么，图书变现的渠道还有哪些呢？

首先来了解一个词：知识付费。

所谓知识付费，就是把知识变成产品或者服务，以实现其商业价值。知识付费有利于人们高效地筛选信息，进行付费的同时也促进了优质内容的生产。简单来说，知识付费就是让知识的接受者付出相应的成本。

其实，知识付费早就不是什么新鲜概念了。随着互联网技术的快速发展，知识的传播与复制成本越来越低，而知识的获取和制造成本却在逐渐提高。因此，人们越来越能接纳知识付费这种内容输出的形式。从2016年知识付费元年到现在，国内知识付费用户的规模呈现飞速增长的态势。据统计，2018年知识付费用户的规模已经达到了2.9亿。初步估计，2020年，国内知识付费用户的规模能够达到3.8亿。在知识版权保护意识逐渐增强、线上支付普及范围越来越广的条件下，知识付费终于得到了广泛的认可，甚至是追捧。在这样的前提下，全民都可以参与进来，将自己的所学所知放到网络上，然后以知识付费的模式寻求变现。

现在，知识付费的市场仍在不断扩大，各平台的商业模式逐步趋向成熟，内容也更加平台化、垂直化和专业化，整个行业呈现出百家争鸣的景象。以下几个平台，相信大家肯定在使用其中至少一个：知乎、喜马拉雅、蜻蜓FM、得到、创客匠人、豆瓣时间。

这些平台，对于普通人来说，最大的优势就是给所有人的机会都是均等的。只要内容足够吸引人，就能够获得足够的流量，平台自身也会帮忙做推广。这也是现在大多数网络平台发展的趋向——平民化。以前，不管是什么平台，最活跃的用户始终是年轻人。现在不同了，格局发生了翻天覆地的变化，不管男女老幼，所有人都可以发布内容，当博主。同时，软件的可操作性也越来越趋于成熟。

既然这个时代给大家提供了这么好的机会，就应该把握住，而不只是做一个旁观者。

一、自媒体运营

线上传播的方式主要由视频、音频和文字三种形式组成。视频方面，像爱奇艺、腾讯视频、抖音等视频网站或手机短视频App，都有会员付费订阅和打赏的功能；音频方面，像喜马拉雅、得到、荔枝等音频类的App，也都设有付费收听的功能；文字方面，像知乎Live、豆瓣时间等App版块，也都推出了付费问答的功能。所以，不管通过什么方式，只要书里有"料"，都能做到知识变现。

这里还要提到一个词：自媒体。

建立自己的自媒体号的目的，是为了更精准、更快速地锁定用户，然后打造个人IP。这样既方便推广自己，又能够实现书籍和自媒体号的无缝衔接。

现在流行的趋势是听书，而听书的最大受众群体恰恰是那些"没有时间看书"或"抱怨书太厚看不进去"的人。这个群体比那些看纸质书、电子书的群体更加庞大，因为听书最大的意义正是对碎片时间的高效利用；在地铁里、公交车上听书，不仅能够提升用户的体验感，还提高了听书的阅读效率。这种趋势给了大家很多启发，使图书可运作的空间得到了拓展。

关于音频方面的运作。如果你对明朝历史非常熟悉，并且有自己的著作，就可以在喜马拉雅、得到等App上创建一个自媒体号，专门做讲述明朝历史的音频节目，然后把自己书里的内容录下来，分期放到上面，前两期供大家免费试听，等把听众的胃口吊上来了，再实行付费收听，听众很可能愿意为自己的好奇心付出成本。

比如讲金庸作品中不为人知的知识点的六神磊磊，讲"罗辑思维"的罗振宇等，这些都是成功的案例，也是值得大家学习的对象。

视频方面，同样可以进行类似的运作。比方说，你对人际交往或理财之道深有研究，就可以以讲座的形式，将自己书里的知识点录制成短视频，然后以课程的形式将其投放到网络上。很多人是愿意为自己的困惑付费的，只是苦于找不到能切实解决自己问题的突破口而已。

比如抖音大V"追疯少年孔大爷",在平台坐拥100万粉丝,通过和我们合作视频课,上架2天便销售出近1000节课,收入近10万元。之后,他又开始着手出版职场相关指导用书,成功变现的同时实现跨越。而我们合作的另一位视频课博主,粉丝仅4万不到,也销售出200多节课,收入近6万元。

孔大爷的职场课

文字方面,还可以销售图书的电子版权,或者和各大平台合作,按阅读量分成的方式,来实现图书变现。又或者,假如你思路清晰，说话幽默风趣、时常妙语连珠，擅长答疑解惑，就可以在知乎或微博上回答问题。很多人愿意为专业人士精彩的解答付费。

总之，不管是哪种题材的书，也不管你计划通过什么形式来呈现自己的作品，只要文字足够吸引人，知识性、趣味性够足，就可以创建属于自己的自媒体号，通过一系列的运作，来实现图书变现。

知识付费将对你个人品牌和形象的树立起到巨大的提升作用。当然，还要和大家重申一点，要有版权意识。现在与版权有关的纠纷越来越多，人们对版权也越来越重视。不能为了博取一时的眼球、获得短暂的热度，就去抄袭别人的东西。抄袭的结果只能是"偷鸡不成蚀把米"，为此付出的代价远大于获得的不良收益。这种行为，无论在道德层面还是法律层面上，都是站不住脚的。

二、线下讲座和课程

同样，线下也能实现内容和知识的变现。

《秒睡》这本书是献给所有备受睡眠困扰的人士的一个礼物。本书作者刘毅君是精神卫生学硕士，也曾担任精神科副主任医师，是舒眠减压专家。他在睡眠领域可算是再专业不过了。他不但在线上有自己的课程，在线下也会经常开办一些与睡眠有关的知识讲座——以对话的方式，把书里的"干货"用简单幽默的语言传达给听众，让他们在轻松愉悦的氛围中实现自我认知，从而知道如何应对睡眠问题。他的讲座几乎场场爆满，深受大众欢迎。

《秒睡:幸福人生的睡眠秘诀》新书发布会

由此也引出了知识变现在线下活动中的操作方法，其实和线上大同小异，大体可以分成两种：一种是将内容拆分成若干节课程，授课收费；另一种是开办讲座，围绕书的内容做一些开导性的现场交流与培训。

目前，付费课程这种形式还是比较流行的，尤其像财经类、经管类、健康类的课程最为火爆。目前，比较容易被大众接受的几类图书的内容特点，大致可以分成以下几类：

一类是能够提高工作效率或收入的知识或经验；一类

是职业或学业选择发展的专业建议；一类是提高生活质量的方法或技巧；一类是个性化方案定制（如健康、学习、财经等）；还有一类是生活健康方面的专业建议。

上面提到的这五类课程的内容特点，其实也是目前图书市场上卖得最好的几类书的内容特点。它们足以反映出不同受众人群所关注的热点问题是什么。这就间接地帮助作者明确了未来写作的方向。

写作没有捷径可走。但是，如果我们能掌握市场运作的规律，就会使写作变得更简单，也会提高知识变现的可操作性。

归根结底，不管是课程还是讲座，它们和书都是一种互补的关系。前两者可以让人们快速了解一个领域的框架，解答生活实践中的一些疑惑；后者可以让这个领域变得更加清晰直观，让作者的形象更富有立体感。

上述是平时最容易接触、最方便操作的几种新模式，接下来再介绍一些不经常接触到的图书变现模式。

三、影视改编

近些年来，影视改编以其收益大、回报率高等特征，已经成为最重要的版权变现渠道之一。其中，小说《鬼吹灯》

堪称影视改编的典型性代表。

2006年，华映资本旗下的一家子公司花费100万元，一口气买下了《鬼吹灯》前四部的影视版权。2015年，由小说《鬼吹灯》改编而成的电影《九层妖塔》上映后，票房总计6.83亿元。2016年，该公司又火速推出网剧《鬼吹灯之精绝古城》，截至2017年6月，该剧点击量已经高达41亿人次，总收益40.98亿元。

四、动漫改编

虽然动漫改编的收益远不及影视改编，但它仍然是图书变现的新模式中非常重要的一部分。

小说《秦时明月》是台湾作家温世仁先生的遗著，作者取用历史人物，讲述了一段发生在秦末汉初的武林故事。2006年，杭州玄机科技信息技术有限公司购得小说《秦时明月》的版权，开发《秦时明月》动画及其网页游戏。2007年春节期间，中国首部3D武侠电视动画《秦时明月之百步飞剑》在全国各地正式播出。该剧一经播出，观众反响强烈。随后，玄机科技公司又陆续推出了《秦时明月》系列的其他剧集，收视效果均不错。

五、游戏改编

自从网游上线后，游戏改编可谓方兴未艾，其未来的发展空间亦十分广阔。

2007年，作家萧鼎创作的《诛仙》小说红遍了大江南北，《诛仙》也因此被认为是仙侠小说的开山之作。同年，"完美时空"公司（2011年3月更名为"完美世界"）根据原著小说改编开发的网络客户端游戏《诛仙》正式上线，此举获得了巨大成功。近10年的时间过去，2016年"完美世界"又将《诛仙》网游改编为同名手游，作品一经上线，反响十分强烈。从网文到网游再到手游，《诛仙》的大IP被"完美世界"开发得淋漓尽致，而由此引发的改编潮流，可谓经久不衰，历久弥新。

六、版权输出

版权输出是可遇不可求的事。2005年，小说《狼图腾》的版权对外贸易堪称我国版权输出的成功范例。

2005年，长江文艺出版社出版的小说《狼图腾》创下了我国版权对外贸易中版税率、预付金额等多项第一，堪称版权输出的成功典范。2005年8月30日，英国企鹅出版集团以10

万美元预付款、10%的版税率与长江文艺出版社签订合约，买下《狼图腾》一书的全球英文版权。随后，当时的另一行业巨头兰登书屋也于2005年的法兰克福书展上，重金购得《狼图腾》的德文版权。此外，《狼图腾》的法文版也于2008年1月由法国Bourain出版社出版。截至2008年，该书几乎覆盖全球所有主要语种，已出版有英文版、德文版和法文版等26种语言文字的版本，并在全球110多个国家和地区同步发行。

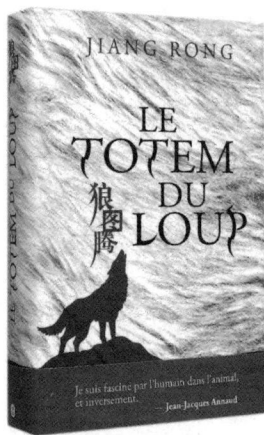

《狼图腾》（法文版）

七、文创产品

文创产品，顾名思义就是文化创意产品。它将文化创意与原始产品相结合，使原始产品在原有的基础上产生一定的附加值。这种附加值能够促进文创产品的销量。

文化日历作为一种新兴的文创产品，成为当下的热门。它不仅是人们记时论事的工具，还是人们学习知识的一种很好的途径。其中,《每日读诗日历2019》就是一个典型的例子。

书作者于2017年出版的《陪孩子读古诗词》系列童书，深受家长和孩子的喜爱，甚至被第五届中国童书榜评为"100佳童书"、《中国新闻出版广电报》优秀畅销书，并且入选"2018当当中国制造十大童书"榜单。而后作者"趁热打铁"，推出了《每日读诗日历2019》。这本日历在当时拥有十分惊人的销量。

《每日读诗日历2019》

讲了这么多图书变现的新模式，最后还是要提醒作者：并非所有的图书都能进行多渠道变现，也不是哪种渠道都可以尝试。毕竟，纸质书的出版与发行才是作品价值变现最重要的方式，版权的多渠道变现只能算作锦上添花。没有了"锦"，"花"又添在何处呢？所以，作者只有选择最合适的方式，才能获得最大的收益。

第十六章　通过一本书实现人生飞跃

通过一本书，实现人生的飞跃，这并不是神话，也不是遥不可及的妄想。大多数人并非没有能力出书，而是因为时间分配不够合理，以及没有真正去了解出书的方法。只有少部分人会去了解并操作。等一本书上架后才发现，其实出书并不难，难的是迈出全新的第一步。所以才会有很多人出完第一本书后，再出第二本、第三本就变得容易了很多。所以，很多时候，人与人之间的差别并不在于能力本身，而是在于有没有信心和勇气去开始。

一本励志书籍，可以让一个人走出迷茫困顿，充满斗志；一本历史书籍，可以让一个人跨域时间的界限，徜徉于一个全新的空间；一本管理书籍，可以让一个人变得有条理，格局更高，豁朗练达……书是一种非常美好的存在。它可以将一个未经雕琢的粗鲁之人变得谈吐优雅，可以让一个人的灵魂变得有香气。

而出书意义就在于，能够通过一本书与陌生人获得连接，备受认同，找到归属。同时帮助到有需要的人。

以色列年轻作家尤娃尔出版了《人类简史》，见微知著、以小写大，用轻松风趣的语言，让读者跟着人类群体一同走过十万年，让人类重新审视自己。

日本著名作家东野圭吾的《白夜行》，不仅让人们经历了一场完全不属于自己的人生体验，还告诉了大家"一个人不怕失去阳光，是因为从没有见过阳光"这样的道理，让人陷入深思。

还有一些人选择出书，完全是因为喜欢，不为别的，就是一种对文字纯粹的喜爱。这样的人是非常值得尊敬的。

他们可能并不富裕，写作也不能为他们带来丰厚的报酬，哪怕遭遇周围人的不理解，却依然笔耕不辍，畅游在文字海洋中，书写着他们所经历的人生和对生活的独到见解。

世界名著《飘》的作者玛格丽特·米切尔在26岁那年因腿伤辞去报社记者的工作，用10年的时间全心投入到《飘》的写作当中。10年后，小说发表，震惊书坛，日销售量最高达5万册。后来，由费雯丽和克拉克·盖博主演的同名电影包揽奥斯卡十项大奖，也让这部作品享誉全球。

如果你能够通过出书，将自己的故事、思想、方法传递出去，让更多人因你受益，这其中的价值便已远远超出了稿酬本身的表面价值，是人生中一件非常有意义的事情。

三鼎甲好书推荐

"济公"游本昌

"茅盾文学奖"梁晓声

汪曾祺

周导

龚文祥

刘欣

李九思

刘毅君

梁实秋

一流的原创稿件孵化基地
专业的图书策划出版平台
强劲的媒体公关宣发渠道

北京大咖书房文化传媒有限公司是国内知名的图书出版服务商，主营图书组稿、策划、出版及宣传发行业务，同时也是原创优质影视 IP 内容孵化平台。公司总部位于北京 CBD 核心区，大望路东郎电影创意产业园，年出版图书 400 余品种。

公司一直秉承"为社会输送优质图书"的企业文化，成立 15 年来，吸引了江苏省前省委书记韩培信、共青团中央、CCTV 栏目组、东方卫视栏目组、"济公"扮演者游本昌、知名 KOL 等重要客户，共计出版图书四千余品种，覆盖经济管理、成功励志、文学艺术、生活休闲、社会热点、教育教辅、健康养生、人生哲理八大领域，发行网络覆盖全国。

策划发行有《梦想永远不会太晚——"济公"游本昌的智慧人生》《剑桥倚天屠龙史》《秒睡》《招标》《埃隆·马斯克传》《情商高，就是会好好说话》《高情商沟通术》《顶层思维》《布局人生—通往财富自由之路》《优秀的人都会掌控情绪》《全能团队》《快速社交》《香奈儿女孩》《末代枪王》《陕北煤老板》《年华烟然》《商道与女人》《微商思维 2》等一众超级畅销书。

业务范围：稿件撰写、出版发行、宣传炒作、版权交易、影视改编、剧本创作

出版咨询热线

总裁办（总编室）：13426238818　010-65211700
邢老师微信二维码见下图

投稿邮箱：6156586@qq.com
公司地址：北京市朝阳区高碑店东区 H55-5

三鼎甲书业
当当网上书城
查看已出版图书

微信扫码

邢老师

微信扫码